La gente nunca es el problema

Cómo negarse a caer en el juego de las culpas

La gente nunca es el problema

Cómo negarse a caer en el juego de las culpas

Robert Watts Jr.

BUENOS AIRES - MIAMI - SAN JOSÉ - SANTIAGO

www.editorialpeniel.com

La gente nunca es el problema
Robert Watts Jr.

Publicado por:
Editorial Peniel
Boedo 25
Buenos Aires C1206AAA - Argentina
Tel. (54-11) 4981-6034 / 6178
e-mail: info@peniel.com.ar

www.editorialpeniel.com

Publicado originalmente en inglés con el título:
"People Are Never The Problem – A New Paradigm for Relating to Others"
Publicado por ChariotVictor Publishing
4050 Lee Vance View
Colorado Spring. CO 80918 USA

Traducido al castellano por: Cristina Brito de Palikian

Copyright © 2004 Editorial Peniel

Diseño de cubierta e interior: arte@peniel.com.ar

ISBN Nº 987-557-047-8
Edición Nº I Año 2004

Las citas bíblicas señaladas como RVR han sido tomadas de la Biblia versión
Reina-Valera, revisión 1960.

Las citas bíblicas señaladas como NVI han sido tomadas de la Santa Biblia, Nueva
Versión Internacional ®. NVI ®. Copyright © 1999 por la Sociedad Bíblica
Internacional.

Printed in Colombia.
Impreso en Colombia.

Dedicatoria

Dedico este libro a todos aquellos a quienes les hicieron creer que eran un problema.

A todos los que tienen el suficiente valor para reconocer que han tratado a otras personas como si estas fuesen un problema.

A todos los que han encontrado la fuerza para dejar de considerarse a sí mismos como un problema.

A todos los que desean dejar de ver a los demás como si fueran un problema.

Y a mi madre, Dorothy Morton, quien me preservó con su amor, y cuyas palabras me revistieron de fuerzas.

"El rey les responderá: les aseguro que todo lo que hicieron por uno de mis hermanos, aun por el más pequeño, lo hicieron por mí"

JESÚS – MATEO 25:40

Contenido

Prólogo

POR
KEN BLANCHARD
Coautor de *"El ejecutivo al minuto"*

La lectura del primer borrador de este libro de Robert Watts, *La gente nunca es el problema,* fue muy emocionante para mí.

He sido un admirador de Robert desde el mismo momento en que lo conocí. Es uno de los seres más cariñosos, perceptivos y llenos de vida que yo haya conocido. Para él, la vida es como un laboratorio de aprendizaje en permanente funcionamiento. No hay nada que pase inadvertido para su examinadora observación. Cada vez que pasamos juntos algún tiempo, salgo estimulado.

Alenté a Robert a que escribiera acerca de la forma como él ve la vida, porque sentí que necesitaba dar a conocer más ampliamente su sabiduría. También sabía que escribiría algo junto a Ellen, su esposa, y sus hijos, y que sería significativo para todos ellos. ¡MISIÓN CUMPLIDA! *La gente nunca es el problema* es el resultado de este trabajo de Robert, y es una joya.

Si todos pudiéramos interiorizarnos con las sencillas verdades de este libro, el mundo en que vivimos y las organizaciones para las que trabajamos serían mejores lugares. ¿Por qué? Porque finalmente todos comprenderíamos que "Dios no hace cosas inútiles". Las personas son bellas, solo que no son perfectas. Tienen problemas y merecen nuestro amor y comprensión. Cuando pensamos que alguien es un problema, lo arrinconamos y le dejamos un margen muy estrecho para poder salir; nos privamos de su luz y nos concentramos en su oscuridad.

Una y otra vez Robert, por medio de sus alentadores relatos, su sentido del humor y la comprensión que tiene de sí mismo, nos brinda ayuda para que todos podamos evitar esta trampa. El lector nunca olvidará "El poder curativo de las palabras de mamá", "Emociones intensas que erizan la piel" o "Tal vez sean ángeles". Todos estos capítulos son Robert Watts que muestra lo mejor de sí mismo.

Sobre todo, recuerde que si en vez de considerar a una persona como un problema, usted enfoca su atención en la dificultad que afecta a esa persona, puede darle salida a una porción increíble de energía valiosa. Su vida puede, de la mano guiadora de Robert Watts, cobrar un nuevo significado. Disfrute de la agudeza de ingenio de Robert, y sáquele provecho. Y crea lo que le digo: después que haya leído *La gente nunca es el problema*, usted no volverá a ser el mismo, como tampoco lo serán las personas con quienes usted vive. Todos saldrán beneficiados. ¡Gracias, Robert!

Otoño de 1997

Es natural que la gente tenga problemas, pero sentir que *uno* es el problema, es algo que nos deshumaniza, ¿no le parece?

En 1995 el doctor Ken Blanchard –coautor de *El ejecutivo al minuto*– me pidió que me uniera a él para dirigir un mensaje de clausura espontáneo, sin preparación alguna, para la conferencia anual de clientes sobre capacitación y desarrollo que estaba preparando su compañía. Le pregunté a Ken si quería que me refiriese a algún tema en particular. Me dijo que podía escogerlo yo mismo, pero que le gustaría que mi charla tratara acerca del tema de la conferencia. El título de esta era *"El manejo de los cambios"*.

Mi deseo era dejar a los gerentes que componían el auditorio, una verdad que pudiera durarles toda la vida, un don esencial para modificar su manera de manejar los cambios no solo en el lugar de trabajo, sino también en todas las demás áreas de sus vidas.

Caminé hasta el centro del semicírculo en que estaban dispuestos los asistentes y me detuve, luego tomé el micrófono y dije:

– "Hace seis años me enteré de que había surgido un cáncer en mi sistema linfático y requeriría quimioterapia. Aun cuando siempre he creído que todos los seres humanos somos iguales, nunca pude verificarlo de una manera tan clara como el día en que ingresé en la clínica para recibir la quimioterapia.

»La habitación estaba ocupada por ancianos, personas de mediana edad, adultos jóvenes, adolescentes, bebés, afroamericanos y otros compatriotas de origen europeo, asiático, latino y amerindio. Realmente el cáncer es un "destructor indiscriminado".

»Sin que importara nuestro origen étnico, religión, orientación sexual, posición económica, título profesional o habilidades, todos teníamos una cosa en común: CÁNCER. Todos experimentábamos la manifestación de nuestra condición humana vulnerable, y todos teníamos miedo. Y, sin embargo, instintivamente comenzamos a ayudarnos mutuamente a entender que aunque todos teníamos problemas, el problema no era cada uno de nosotros».

Pregunté a los gerentes que concurrían a la conferencia si alguna vez habían sentido que eran un problema. Sin excepción, cada uno reconoció que lo había sentido en alguna ocasión. Aunque no les pregunté si alguna vez habían tratado a otra persona como si esta fuera un problema, estoy seguro de que muchos de ellos habrían concordado en que habían cometido esta falta en algún momento de su vida.

Para concluir mis observaciones, les aseguré que el problema no eran ellos y no podrían serlo nunca, ni tampoco las personas que tenían como jefes, ni sus empleados, ni los que ellos llaman sus competidores, y que por más que no pudieran comprenderlo, el problema no eran ni siquiera sus enemigos. Pude ver, por sus expresiones de acuerdo, que esta verdad era algo que realmente necesitaban oír.

Al terminar, les pedí que repitieran conmigo: "El problema no es la persona. El problema es algo que la persona tiene".

En esta premisa reside el mayor regalo que un ser humano puede obsequiarle a otro. El objeto de este libro es ofrecer maneras prácticas de entregar a los demás este don potenciador, y de comenzar a ver a cada individuo como alguien que es demasiado único y maravilloso para ser un problema.

ROBERT WATTS JR.

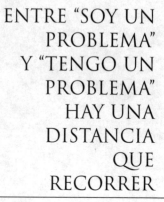

ENTRE "SOY UN
PROBLEMA"
Y "TENGO UN
PROBLEMA"
HAY UNA
DISTANCIA
QUE
RECORRER

Capítulo 1

ENTONCES, ¿QUIÉN ES EL PROBLEMA?

"Nadie es un fracaso hasta que le echa la culpa a otro."

— CHARLIE "TREMENDO" JONES

En cualquier éxito que alguna vez podamos alcanzar, están implícitas las relaciones con otras personas. Puede ser que el atleta olímpico entrene solo, pero no recibirá trofeo alguno a menos que haya personas que aplaudan al más rápido, más fuerte y mejor preparado. El músico pasa horas en soledad practicando su arte, pero no recibe ninguna compensación a menos que haya un público que quiera pagar por escucharlo.

Dado que los demás son necesarios para nuestro éxito, nunca pueden ser una excusa por nuestro fracaso. He oído quejas de personas que consideran a determinado individuo como un problema en su vida. Alguno recuerda a un profesor que parecía fijarse particularmente en él para humillarlo, o a un jefe que no reconoce su colaboración, o el cónyuge que no acompaña sus sueños. Es cierto que cuando una persona frustra nuestras propias ambiciones, tendemos a considerarla un problema. Lo que a menudo dejamos de ver cuando la acusamos, es que esa persona tiene sus propios problemas, los que le impiden participar de nuestros ideales.

Si alguien le ha hecho sentir como si usted fuera un problema en la vida de dicha persona, es indispensable que quite esa etiqueta destructiva de su autoimagen. Usted nunca ha sido un problema; sin embargo, puede tener problemas que molesten a la gente que lo rodea. Mientras crea que el problema está en su persona, quedará atascado en la zanja de la derrota.

Para salir de las zanjas a menudo se necesita la ayuda de otros, de modo que a pesar del dolor que podamos experimentar durante este proceso, nunca debemos dejar de amar a las personas. Es amando a la gente como una persona realmente muestra la mayor bondad hacia sí misma. Así como las personas son esenciales para cada éxito que logremos, son asimismo indispensables para la mayoría de las soluciones.

Estoy agradecido por las personas que contribuyeron a que yo triunfara en la vida. Mi beca en un internado secundario, mi carrera universitaria y la oportunidad de jugar fútbol profesional, derivaron todas de relaciones con otras personas. Para tener éxito tuve que aprender que ninguna persona es un problema. Tuve que vencer el pensamiento equivocado de que el problema era yo, y entender en cambio que los problemas que yo tenía podían resolverse.

Esta creencia errónea, de que el problema era yo, la tuve desde que era niño, porque mi padre nos había abandonado cuando yo tenía apenas un año. De esa manera, mi conclusión era que yo debía de haber sido un problema para él. Entonces se me formó un patrón mental según el cual yo tenía que hacer más, ser más y demostrar que era el mejor. Creía que de no haber sido yo el problema, mi padre habría querido estar conmigo.

Distraído por una profunda desilusión, en la escuela me costaba concentrarme. Pronto mis maestros me etiquetaron como uno de sus "niños problema" y se encargaron de que repitiera los cursos. Nadie se dio cuenta de que yo tenía problemas; solo me veían como un niño que les ocasionaba dificultades debido a que no aprendía.

¿QUÉ OCURRE CUANDO UN SUEÑO SE POSTERGA?

En los primeros años de mi adolescencia, al ver la vida de mi padrastro, John "Johnny" Costen, aprendí la diferencia que existe entre que una persona *sea* un problema y que una persona *tenga* problemas. Gracias a él comprendería más tarde lo que Langston Hughes quiso decir con su poética pregunta: "¿Qué le sucede a un sueño que se posterga?" En el poema, Hughes responde la pregunta usando un hecho de la naturaleza, una metáfora que describe las terribles consecuencias del paso del tiempo cuando una idea no se ejercita. Hughes lo compara a una uva bajo el sol: se seca, se pudre y muere.

John H. Costen tenía todo el talento del mundo y podría haber sido todo lo que él hubiese querido, y aún más. Con 1,80 de estatura y un peso aproximado de 72 kilos, poseía los rasgos finamente delineados y la buena presencia de alguien que procedía, aunque lejanamente, de ancestros africanos y europeos. Siempre estaba bien arreglado, incluso sus manos. Tenía un espeso cabello negro azabache que lucía en un peinado al estilo militar. Sus grandes bigotes negros cubrían completamente su labio superior y terminaban en finas puntas sobre los ángulos de una boca delgada, que parecía crecer cuando ofrecía su incansable sonrisa.

Johnny poseía una estupenda habilidad para las matemáticas, la contabilidad, la historia y la política. Combinaba su dominio de conocimientos académicos con una gran pasión por los deportes, para los que demostraba aptitud física. Ganó una beca para el Morgan State College, pero fue reclutado para el servicio militar en ocasión de la guerra de Corea, y transfirió su beca a su hermano menor, quien luego se graduó en dicha universidad.

Johnny contaba la historia de su beca tres o cuatro veces al año con la emoción de un mártir. Sabía que al regalar su beca había hecho el máximo gesto que podría hacer persona alguna de su generación, la mía, o la de mis hijos: había legado la llave que abriría nuevos mundos, tanto físicos como espirituales. Con estudios una persona puede elevarse como un pájaro hacia las alturas de las oportunidades; puede tener pensamientos que solo una educación formal invita a tener. Johnny sabía que con educación puede alcanzarse la libertad, y luchó toda su vida con esa pérdida. Con tristeza se apegó a ella y fue propulsado en dirección a su propia decadencia, como si se hubiese agarrado con fuerza a un ancla arrojada dentro del mar.

Durante años Johnny trabajó como ayudante de sastre en el servicio de lavado en seco de una de las mayores tiendas por departamentos de Nueva York. Al ser brillante para los números, siempre se le pedía que participara en el inventario cuatrimestral. Era el único afroamericano al que se le solicitaba esta clase de ayuda, y nunca se le compensaba este servicio con dinero, ascensos o aumentos de sueldo, pero le daban vestidos nuevos para mi madre.

LOS PROBLEMAS HACEN QUE SE POSTERGUEN LOS SUEÑOS

Así fue la vida de Johnny después de servir como sargento en el ejército de los Estados Unidos. Con el paso del tiempo comenzó a quedarse con los compañeros los viernes después del horario de trabajo, para beber algunos vasos de whisky. Poco a poco, ese rato con los amigos se extendió a los sábados, luego a los domingos, lunes, martes, miércoles y jueves, para luego comenzar de nuevo los viernes. Atrás quedaron aquellos buenos tiempos que había vivido con Johnny y mi hermano menor, cuando nos sentábamos juntos por la noche, los martes para ver a los Knickerbockers de Nueva York, los sábados boxeo, o los lunes los juegos de los Yankees.

Al seguir bebiendo en forma persistente, Johnny perdió la aceptación de mi madre, y había peleas todo el tiempo. Hicimos la prueba de esconderle las bebidas alcohólicas, pero él nos rogaba a nosotros, los niños, que le dijéramos dónde estaban, hasta que nos daba tanta lástima verlo que cedíamos al evidente dominio que este problema, su enfermedad, ejercía sobre él. Con el tiempo perdió su empleo y otra serie de empleos posteriores. A medida que mamá se iba apartando más de él, parecía beber más.

Muchas personas que conocieron a Johnny durante este período de su vida habrán dicho que él era un problema. A pesar de su adicción a la bebida, yo amaba a Johnny, si bien dentro de mi vida él era un personaje trágico. Johnny fue el hombre que me mostró cómo hacer mi primera bola de nieve, el que me ayudó a ponerme de pie para aprender a caminar, y el que me enseñó a boxear; fue el único padre que yo he tenido, aunque lo llamaba "Johnny". Quería que él fuera un hombre sano. Yo no sabía acerca de cosas tales como pagar el alquiler, pero sí recordaba los tiempos felices antes de que él tuviera el problema que tuvo, cuando solía sorprenderme en mis prácticas de fútbol de ligas menores. Tomaba el tren a casa desde su trabajo y venía a la cancha donde nuestro equipo practicaba, frente al estadio de los Yankees. Me daba fuerzas verlo a través de la valla metálica, mirándome jugar con el equipo, y sentía que de verdad me amaba.

Algunas veces se quedaba hasta el final de la práctica y caminábamos juntos las siete cuadras hasta nuestra casa. En el trayecto me señalaba los aciertos y los errores de mi juego. Cuando faltaba aproximadamente una cuadra, a menudo se arrancaba el sombrero de un tirón y con un periódico doblado en su mano comenzaba a correr hasta la casa, gritando "¡A que te gano!" Siempre me ganaba. Hasta cuando crecí y lo amenazaba con ganarle, él me superaba físicamente, de modo que yo me quedaba atrás. Le gritaba y luego me quejaba a mi madre de esta carrera injusta. Pero me encantaba la forma en que se dedicaba a mí. De verdad yo amaba a Johnny Costen.

Pasaron muchos meses desde que Johnny comenzara a beber, y mi madre desistió de continuar su relación con él, dio por terminado el matrimonio, y finalmente también perdió toda esperanza en él como persona. Esto me obligó a aprender que aunque es cierto que una persona nunca es un problema, a menos que tome las medidas para corregir los problemas que tiene, estos terminarán venciéndola.

Podía ver que Johnny amaba a mi madre y quería a todos sus hijos, pero su adicción al alcohol abrió una brecha entre él y las personas que amaba. Lo que había comenzado como un trago para distenderse de las presiones de la vida, se había convertido en el trago que lo ayudaba a combatir el dolor que le causaba la misma bebida. Con el tiempo cayó víctima de todas las afecciones asociadas con la ingesta de alcohol: enfermedad del hígado, infartos, pérdida de la memoria, depresión, ansiedad y un sinfín de otros problemas de salud que lo fueron conduciendo lentamente a la muerte. Para Johnny, el deshacerse de su pesar se convirtió en la principal preocupación de su vida. Sin importar cuánto nos quisiera, su primera obligación era disfrazar su dolor.

LOS PROBLEMAS HACEN QUE LAS RELACIONES SE DESGASTEN

El problema de Johnny simplemente agotó a mamá e hizo que la relación de ellos se desgastase por completo. Él había prometido durante años dejar la bebida, pero estaba demasiado

enfermo para mejorar por sí solo, y se negaba a reconocer que necesitaba ayuda. Para salvaguardar su salud y el bienestar de sus hijos, mamá finalmente sacó a Johnny del hogar. Esta vez incluso empacó su ropa.

Ya lo había amenazado con sacarlo de casa. Él desaparecía durante una semana, pero luego volvía y mi madre, de corazón tierno, se dejaba convencer de que lo dejase regresar. Yo comencé a pensar que así era la vida de todo el mundo, que este enredo enfermizo y tóxico que llamaban matrimonio era totalmente normal. Nunca olvidaré la fría sensación de atontamiento que me provocó la imagen de aquellas tres grandes cajas ordenadamente apiladas al lado de la puerta. Ella nunca antes había llegado tan lejos.

Lo extraño fue que aquel anochecer, cuando volvió a casa, Johnny estaba sobrio. La noche en que necesitaba ser más fuerte, estaba en condiciones de responder a la situación. Pero ya no quedaba esperanza para él; mi madre ya no podía escuchar más promesas. Todavía me es doloroso recordar aquella noche.

Me acuerdo cómo lo observé a través de las cortinas, mientras trataba con dificultad de cargar las cajas en el portaequipaje de un taxi, para lo cual vi que quitaba de en medio la cola de su abrigo. Capté el significado de su mirada cuando miró hacia atrás por el ángulo de la ventana, y vi que parecía más triste que enojado.

Nunca podría haberme imaginado a Johnny enojado. Al ver que pasaban los días sin señales de él, me preocupé, y mientras los días se diluyeron en semanas, lentamente fui desviando mi atención del asunto. Sabía que yo no podía hacer nada para ayudar a Johnny Costen, de manera que llené mi tiempo de tareas y actividades, aunque en el fondo, quería verlo de nuevo.

Los años transcurrieron dolorosamente, como suele ocurrir en los barrios pobres: era común ver amigos que morían jóvenes por causas evitables como una sobredosis o un "amicidio" –amigos que cometían suicidio juntos– otros familiares que sucumbían al alcoholismo y personas aquejadas de enfermedades mentales. De alguna manera logré pasar de largo y escapar de los flagelos urbanos que se cobraban vidas de personas que amaba.

Creo que mi obsesión por encontrar algo en que destacarme me ayudó a permanecer alejado de las diversiones que mantenían a mis amigos ocupados con las drogas y las chicas. Buscaba seriamente alguna forma de ser perfecto, como si con ello pudiese hacer que se alejara de mí aquella sensación de soledad. Con mi fuerza de carácter, inteligencia y una absoluta voluntad, había inventado una identidad que me permitía escapar al lazo del "ladrón de sueños", el mismo que obligó a Johhny a postergar los suyos.

No dejaría que me detuviera ningún elemento negativo del ambiente que quisiera apoderarse de mi alma. La presión de mis pares no me haría fluctuar. No dejaría que el odio hacia mí mismo me hiciera resbalar hacia el proverbial antro de los drogadictos. Tampoco permitiría que la desesperación por que alguien me quisiera o por querer a alguien me manipulara, hasta el punto de convertirme en un padre adolescente.

LAS SOLUCIONES ABREN PASO PARA QUE OTROS TENGAN ÉXITO

Pasaron ocho años antes de que volviera a ver a Johnny. Yo había conseguido una beca para mí y otra para mi hermano menor, el hijo de Johnny, en un internado de Nueva Hampshire. El encuentro con mi padrastro fue una ocasión especial para mí por razones egoístas, ya que me dio la oportunidad de ver y oír cuán orgulloso estaba Johnny de mí por haberle conseguido a su hijo Johnny Boy una beca para el internado.

Como había estado a la altura de las circunstancias a pesar de cualquier fuerza en mi contra, me había colocado en condiciones de ayudar a mi hermanito. Había obtenido la seguridad de un futuro por amor a Johnny, y comprendía que por medio de mi propio éxito, a fin de cuentas, había hecho algo para ayudar a Johnny Costen. Estaba muy emocionado el día que decidí ir con mi hermano a visitar a Johnny. Les contaré sobre esta visita en el capítulo doce.

En mi vida hubo personas que tenían sus problemas, y la historia de mi padrastro es simplemente un ejemplo de ello. Fui afortunado al aprender que las personas problemáticas no son ninguna excusa para los fracasos de mi propia vida. Reconocí que, a pesar de sus dificultades, Johnny tenía un buen corazón y realizó aportes valiosos para la formación de mi personalidad. Por medio de él aprendí que los problemas hacen que uno postergue sus sueños, pero las soluciones abren paso para que otros progresen.

Los que nos impide tener éxito no son las personas, sino los problemas sin resolver. Por el contrario, la gente es quien nos motiva a progresar. Culpar a otros por robarnos la felicidad, la realización o la alegría, es desperdiciar un tiempo que, si lo dedicamos a pensar creativamente, podría usarse para resolver los verdaderos obstáculos que enfrentamos en nuestra búsqueda del éxito. Si bien defiendo la idea de que el problema nunca es la persona, también acepto el hecho de que las personas sí tienen problemas, y si podemos ayudarlas a resolverlos, también estaremos ayudando a quitar de nuestro propio camino los obstáculos que surgen en la búsqueda de nuestras propias metas.

Una amiga que me escuchó cuando enseñaba que ninguna persona es un problema y que todos necesitamos ayuda para vencer los obstáculos de nuestra vida, me escribió una carta, pues intuía que me gustaría el relato de su encuentro con un joven que vendía revistas en su vecindario. A continuación transcribo un fragmento de su carta:

Estimado Robert:

La viva pasión que usted manifiesta por la idea de que la gente comprenda que las personas que tienen problemas no necesitan que los sigan juzgando sino que les infundan aliento, hizo un profundo eco en mi vida personal. Hace poco vino a mi casa un vendedor joven de agradable aspecto. Tan pronto como le abrí la puerta reconocí el grupo de revistas que llevaba en su mano. No me interesaba comprar revistas, pero al sonreírle y decirle "Hola", por mi mente se cruzaron como un susurro las palabras de Jesús que usted citó en su conferencia: "Tuve hambre, y ustedes no me dieron nada de comer", de manera que le pregunté qué podía hacer por él.

Pareció un tanto confundido y me preguntó "¿Puedo saber por qué sintió miedo de mí? ¿Por qué sonrió usted cuando abrió la puerta?" Fingí ingenuidad, ya que enseñamos a nuestros hijos a no abrirles nunca la puerta a un extraño, y respondí: "¿Por qué tenerle miedo?" Me dijo que todas las otras personas del vecindario parecían tan asustadas, y prosiguió: "Algunos no abren la puerta, simplemente me gritan a través de la ventana que no desean comprar nada. Una vez un hombre me insultó y me dijo que no le importaba lo que estuviera vendiendo, pero que no quería que me acercara a su casa nunca más. Tengo diecinueve años y nunca vi algo así en Los Angeles donde nací".

De repente me sentí muy apenada y traté de consolarlo, le dije que a mis propias hijas les cuesta vender sus artículos para recolectar fondos dentro de esta zona, y que por lo tanto no debía sentirse como si la culpa fuera suya. Concluí diciéndole: "Simplemente, a la gente no le gusta que se le acerquen personas que piden algo invadiendo la privacidad de su hogar. Puedo ver por su mirada que es usted una buena persona, y sé que Dios lo ama, por eso yo lo amo también. Es tristemente cierto que algunas personas tienen el problema del miedo. De hecho, la Biblia dice que en los últimos días el temor se apoderará del corazón de los hombres. No se trata de algo personal con usted –le expliqué– sino de la época en la que vivimos, y de un problema que todos juntos debemos trabajar por resolver. Pero no es *usted* el problema, y ese hombre de la otra calle *tiene* un problema que usted debe ignorar, ya que él no desea ser ayudado".

Señor Watts, yo solo le transmití lo que usted dijo en su charla acerca de las personas que sufren problemas y las que los resuelven. Luego él me contó una historia maravillosa sobre un cliente que había tenido en Tulsa, Oklahoma, quien fue para él un proveedor de soluciones:

«Cuando la señora de la casa me dijo que iba a llamar a su marido, pensé '*Qué bien, aquí viene la escena en la que el hombre me dice que no necesitan nada y me cierra la puerta en la cara*'. Pero en cambio, su esposo me abrió la puerta y me sonrió así como lo hizo usted. Luego me dijo: 'Entre, siéntese, ¿desea un vaso de soda o agua?' Le di las gracias, y antes de que pudiera decirles por qué había tocado a su puerta me preguntó: '¿Qué necesita que haga por usted?' Nadie me había preguntado eso nunca antes, así que simplemente expliqué que estaba tratando de ganarme la vida, que tenía un hijo, y que podría obtener una bonificación adicional si vendía tres revistas en un solo pedido. Le mostré la lista de la que obtengo 50% de comisión en lugar de la de 35%, y señalé los distintos precios por suscripciones desde uno a cinco años. El hombre me hizo un pedido por doscientos dólares y con ese único pedido pude alimentar a mi hijo toda una semana.

»Luego me dijo que se llamaba reverendo Eastman Curtis. Me dijo que Jesucristo me amaba y él también. Incluso me dio su número de teléfono y dirección electrónica para que pudiese contactarlo si alguna vez lo necesitaba por cualquier motivo. ¡Ese reverendo Curtis era un vendedor estupendo! Soy joven y he estudiado varias religiones. Ninguna persona de esas otras religiones jamás me ha dado la clase de aceptación que en el nombre de Jesús me dio Eastman Curtis».

Luego el joven me explicó que la empresa de revistas para la que trabajaba, busca mujeres y hombres jóvenes como él en las calles y los adiestra para vender y servir a la humanidad con el fin de ganarse la vida. Por medio de un programa de instrucción diaria, videos de motivación y oración matutina, se les enseña cómo servir a la sociedad mientras se ganan el sustento.

De repente me di cuenta de que el tema de nuestra conversación no eran las revistas, sino nuestra interdependencia como personas. Ahora, después de haber conocido a este joven vendedor de revistas, soy más sensible hacia la persona que me hace un discurso de venta, porque comprendo que dentro de cada individuo encuentro un tesoro que enriquecerá el valor de mi propia vida. Nunca habría tenido esa conversación con el joven si no hubiera sido por usted, quien en su conferencia nos mostró cómo debemos relacionarnos con las personas.

En efecto, hice un pedido de tres revistas, y ahora me entusiasmo por las ideas nuevas sobre jardinería, observación de pájaros y éxito en mi profesión, todo porque un agradable joven llamado Hugh se tomó la molestia de llamar a mi puerta.

Este ejemplo de un encuentro entre dos personas me hizo recordar un relato del libro *La vida es tremenda*, de Charlie "Tremendo" Jones. Él nos cuenta acerca de un hombre que soñó que recibía un millón de dólares y dejaba su trabajo porque ya no necesitaba dinero. Pero al día siguiente le habían cortado el servicio de agua y el de electricidad, el periódico no estaba en su puerta, y no vino el autobús para llevarlo a la ciudad. Pronto vino alguien que le dijo que todos en el pueblo habían recibido un millón de dólares y renunciado a sus tareas laborales, ¡porque nadie necesitaba volver a trabajar!

¿QUÉ PASARÍA SI NADIE VOLVIERA A NECESITAR DINERO?

¿Qué pasaría si usted de repente fuese "autosuficiente"? Lo cierto es que tenemos una gran necesidad de interdependencia. Dependemos los unos de las habilidades y talentos de los otros para vivir la vida al nivel que deseamos disfrutarla. No trabajamos por dinero sino por las personas. El dinero es un importante beneficio por nuestro servicio a los demás, pero aun si no necesitásemos el ingreso, tendríamos, sin embargo, una necesidad básica de intercambiar servicios con otras personas.

Dios dijo de Salomón, el rey judío, que era el hombre más rico y más sabio que hubiera existido. Salomón, en el capítulo 2, versículo 24 del libro de Eclesiastés (NVI), escribió: *"Nada hay mejor para el hombre que comer y beber, y llegar a disfrutar de sus afanes. (…) también esto proviene de Dios, porque ¿quién puede comer y alegrarse, si no es por Dios?"*

LAS SOLUCIONES ACABAN CON LA INFELICIDAD

No es el dinero lo que nos da satisfacción por nuestro trabajo, porque Salomón ciertamente no necesitaba trabajar para obtener dinero. Trabajamos porque solamente por medio del servicio brindado a los demás podemos encontrar verdadera satisfacción para nuestras almas. Esto es un misterio que ha sido entretejido en lo más profundo de cada ser humano, donde reside su fuente de alegría. Es por ello que nunca podemos considerar a las personas como problemas, sino verlas como individuos que tienen problemas, y posiblemente nosotros tengamos la habilidad o el talento para ayudar a resolverlos.

Uno halla especial contentamiento cuando, en lugar de ser la persona problemática, es el proveedor de soluciones. Edificarnos mutuamente sirve a nuestro mejor interés, para que tengamos una sociedad fuerte, llena de gente dispuesta a ayudar a otros a triunfar en sus labores.

- ¿Quiénes son las personas problemáticas en su vida?
- ¿Algún compañero de trabajo que siembra por doquier quejas injustas contra usted?
- ¿Algún profesor al que cuesta entender?
- ¿Un vecino que se la pasa pidiendo prestado sin jamás devolver los favores?
- ¿Un jefe no ha reconocido el trabajo que usted ha hecho con tanto esfuerzo?

A pesar de los obstáculos que alguien pueda ponernos, nadie puede ser nunca una excusa para no lograr lo que queremos en la vida. Es cierto que lo que otros esperan de nosotros puede crearnos problemas que tendremos que sobrellevar. También es cierto que la persona que tiene el problema a menudo es insensible en cuanto a los conflictos que puede generarles a los demás. Pero ninguna persona, por sí misma, puede ser nunca el verdadero problema.

Podemos ayudar a una persona problemática a resolver sus problemas, o evitarla para impedir que sus obstáculos se vuelvan nuestros propios obstáculos. ¿Qué haría usted? ¿Puede ser un proveedor de soluciones para alguna de las personas que hemos enumerado en la lista anterior?

Si se ayuda a la persona a comprender por qué sus acciones causan complicaciones, ella puede ser rescatada de su situación problemática. Ella puede recibir ayuda si aprende a modificar los comportamientos que dan origen a sus problemas.

Cada éxito que he tenido en la vida se debió a la ayuda que alguien me prestó con un problema que tenía, o bien a haber asistido a otra persona que tenía alguna dificultad. Los seres humanos no hemos nacido para caminar por la vida en soledad. Somos una comunidad más fuerte cuando unimos nuestras voluntades. Cuando uno enfoca su atención en resolver los problemas de otros, es más feliz que cuando se concentra en sí mismo.

El descubrir formas de modificar ciertos patrones establecidos que siempre conducen al peligro y a la desilusión, nos da un sentido de realización. Los ejemplos que doy en este libro ilustran el poder que existe para romper el círculo vicioso de la persona problemática, ya sea que el problema lo tenga usted u otra persona. Por ello, sígame a lo largo de este trayecto: el punto de partida es creer que el problema es la persona; luego se pasa por la etapa en que vemos que es la persona quien tiene un problema, y así encontramos la libertad de alcanzar la solución a los problemas.

Capítulo 2

EL PROBLEMA NO ES LA PERSONA

Rara vez desaparece un problema sin la ayuda de un proveedor de soluciones

No debemos ver a una persona y a su problema como una sola y misma cosa, porque de esa manera entorpecemos nuestra habilidad para encontrar una solución a su dificultad. Los problemas son situaciones que pueden ser resueltas y hasta eliminadas. Las personas, en cambio, no son "situaciones" ¡y no pueden ser eliminadas para darle solución a un problema! Incluso cuando se resuelve una dificultad en la vida de alguien, esta volverá a aparecer, con el tiempo, en la vida de otro ser humano.

Hace tanto tiempo que la gente viene refiriéndose a sus semejantes llamándolos problemas, que el *Nuevo Diccionario Mundial Webster's* define la palabra problema como: sustantivo, 1) Una cuestión presentada para ser resuelta o considerada; 2) una cuestión, materia, situación o *persona* que es desconcertante o difícil; adjetivo, 1) Que presenta problemas de conducta humana o relaciones sociales; 2) muy difícil de tratar, en especial, muy difícil de enseñar o disciplinar [un niño problema].

Tengamos en cuenta que el diccionario *describe* la forma en que se usan las palabras pero no *prescribe* la corrección o exactitud del uso. Por ejemplo, hace tan solo unos años la palabra "priorizar" * no estaba incluida en el diccionario. Pero la gente constantemente utiliza el sustantivo "prioridad" en forma verbal, diciendo: "Por favor priorice esas tareas", en lugar de decir "Por favor organice estas tareas para su realización por orden de prioridad". Con el transcurrir del tiempo la palabra fue incluida como verbo, porque el diccionario describe el significado de las palabras según la forma en que se usan comúnmente.

Pero independientemente de la manera en que el diccionario describa el uso de la palabra "problema", aun así una persona no es nunca un problema. Me doy cuenta de que desafiar una definición presentada por el diccionario es un atrevimiento, pero a medida que se difunda por el mundo entero este nuevo modelo de pensamiento que establece que el problema nunca es la persona, recobraremos la esperanza de ver a las personas separadas de sus comportamientos difíciles, y de reconocer en cada individuo un ser humano que necesita amor y ayuda.

Por ejemplo, ¿qué diferencia hay entre alguien que se ahoga en un río y otro que va al bar de la zona y se gasta en bebidas la cuota mensual del alquiler? Supongamos que ambos individuos antes sostenían responsablemente a sus familias y ninguno de los dos pensó desde el comienzo que sus actos tuvieran consecuencias

---

* N. del T: No existe tal verbo en castellano. La usamos aquí como traducción literal del inglés.

problemáticas. Sin embargo, ambos se están ahogando en un problema que conduce a su muerte, y la única diferencia entre ellos es la urgencia de su situación.

Tanto la persona que se está ahogando como la que está alcoholizada manifiestan un comportamiento que representa un problema para cada una: una no sabe nadar, y la otra no puede permanecer sobria. Ambas manifiestan el inconveniente de no estar preparadas para sobrevivir a los obstáculos de sus vidas. Cada una de ellas demuestra señales exteriores de estar en serias dificultades. Sin duda alguna, las dos morirán si no se las atiende inmediatamente.

¿A QUIÉN SE INCLINARÍA USTED A AYUDAR?

Del ejemplo anterior, ¿cuál de las dos personas cree que tiene un problema?

¿Cuál consideraría un problema?

¿De qué experiencias pasadas con este tipo de situaciones se valdría para escoger en ambos casos?

Por ahora, consideremos nuestros dos individuos problemáticos.

Ninguno de los dos *es* el problema; sin embargo, vemos que hay un problema que les está quitando la vida a ambos. El morir es, en cada caso, el problema "simbólico". Ambos demuestran síntomas del problema y nos indican así que necesitan ayuda.

Uno de ellos da señales de su problema pidiendo socorro a gritos mientras da manotazos en el agua y sacude sus brazos y manos como aspas de molino. Con los ojos sobresaltados y la boca abierta en busca de aire, se expresa con un lenguaje corporal, y claramente entendemos que tiene un problema y necesita nuestra ayuda en forma inmediata. En el otro caso, el problema está simbolizado por síntomas que son más difíciles de reconocer en un primer momento. Entre las señales que indican que pide ayuda están: el comportamiento autodestructivo de beber en exceso hasta embriagarse, y tal vez una forma imprudente de conducir. Sus problemas están simbolizados por el descuido de su aspecto, y una aparente falta de consideración por las personas que tiene a su cargo. Otros síntomas podrían ser un hígado enfermo y una baja autoestima.

Nos inclinamos a considerar al alcohólico como un problema, porque quizá muestre un comportamiento vulgar, pero tal vez la conducta de la persona que se ahoga nos parezca un ruego desesperado de ayuda. Otra vez pregunto: ¿cuál es la verdadera diferencia entre ambos casos? Cuando el problema de cada uno llega al final de su curso, ocurre una clara separación entre los síntomas problemáticos y el problema real.

Si ambos individuos desgraciadamente llegaran a morir, los síntomas manifestados por su comportamiento desaparecerán. El agua donde aquella persona luchaba por mantenerse viva se volverá calma repentinamente, y el asiento vacío en el mostrador del bar pasará inadvertido. Sin embargo, el mismo problema encontrará otra víctima, porque cuando se dan las condiciones adecuadas, la situación vuelve a aparecer en otra persona.

LOS PROBLEMAS SON CONDICIONALES

Un problema depende de ciertas condiciones. Dicho de otra manera, muchas veces los problemas nacen cuando un sustantivo (persona, lugar o cosa) no dispone de la destreza necesaria para resolver conflictos provocados por otro sustantivo.

Quizás la dificultad de la persona que se ahogaba comenzó con su incapacidad para nadar. O tal vez la persona sintió un dolor abdominal agudo, o el agua le pareció demasiado fría y profunda. Aumentemos las condiciones proponiendo que esta persona transgredió las normas para la práctica de navegación en bote y salió al río sola, hasta que de alguna forma quedó separada de su grupo. O aún peor, puede haber tenido la imprudencia de no ponerse el salvavidas. Si existió alguna combinación de las condiciones mencionadas, la situación era perfecta para que el problema surgiera y se desarrollara.

La gran pregunta es: "¿En qué momento se convierte la persona problemática en el síntoma del problema, o lo que yo llamo 'la simbolización del problema'"? La respuesta es ¡nunca! Las dos personas cercanas a la muerte que acabamos de observar jamás se convirtieron en sus problemas; estos eran "ahogamiento" y "alcoholismo", aunque ellas, en efecto, se hicieron víctimas de sus respectivos problemas. Pero ellas nunca se convirtieron en los problemas que, ahora, buscan otros individuos a quienes victimizar.

La persona no se convierte nunca en la simbolización del ahogamiento, ni siquiera cuando alguien que vaya a rescatar a esta persona problemática, salte instintivamente al agua en un intento de salvarla de su problema. El salvador siempre sabe que la persona que tratará de rescatar no es el problema; sabe que el problema es que se ahogue, aun cuando ya no sienta la adrenalina y se dé cuenta de que el agua está tan fría que hiela los huesos. Aunque los músculos del voluntario se pongan rígidos, se le dificulte el movimiento y su propia capacidad de razonar se enturbie de repente, no olvida que está salvando a alguien de un problema. Aun cuando arrastre hasta la orilla a la persona que se está ahogando, cuando la playa luce más lejana que nunca, y cuando el que se ahoga, sin previo aviso, entra en pánico y comienza a forcejear contra el socorrista sumergiéndolo a este también, el que va en auxilio del damnificado sabe, a pesar de todo, que el problema no es la persona.

En cambio, tanto el que rescata como el rescatado tienen en ese momento el mismo problema. Si encuentran alguna forma de funcionar en equipo, podrían salvarse ambos. Si no, el socorrista podría tener que abandonar al individuo problemático con el fin de salvar su propia vida.

Las condiciones que dan lugar al alcoholismo o a la drogadicción son menos evidentes que el caso del ahogamiento, y son malinterpretadas con más frecuencia. Tal vez la víctima de la drogadicción comience usando sustancias adictivas para aliviar el estrés ocasionado por situaciones personales, de trabajo o sociales. Es más frecuente que esta víctima sea varón y que su edad oscile entre los treinta y cinco y cincuenta y cinco años. Las personas afectadas por esta problemática tienen un cincuenta por ciento más de probabilidades de convertirse en adictos si su padre o madre es también drogadicto. Algunos investigadores informan que cuando ambos padres son adictos, los individuos que sufren este problema tienen noventa y ocho por ciento más de probabilidades de caer en la adicción que aquellos cuyos padres no son adictos.

Hay muchos profesionales de la salud que creen que esta correlación entre los individuos problemáticos y sus padres adictos tiene más que ver con el ambiente que los rodea que con la genética. Las personas con este tipo de herencia que se permiten el uso de estupefacientes adictivos, corren el riesgo de caer víctimas del terrible problema de la drogadicción.

No obstante, aunque un individuo se encuentre en las garras de esta enfermedad que erosiona el carácter, aun así el problema no es él. Aunque cause vergüenza y pérdidas económicas a sus seres queridos y compañeros de trabajo, el problema no es el individuo problemático. ¿Por qué? Al igual que en el caso del navegante aficionado, una vez que la persona pide ayuda, existe la posibilidad de recuperación.

Aunque para la víctima de la dependencia química la recuperación tomará más tiempo, el resultado es el mismo: el individuo problemático puede ser separado de su problema. De esta manera, como en el primer caso que vimos, el salvador quizás tenga que apartarse del individuo problemático para garantizar su propia seguridad. Esto sucede cuando la adicción impide que su víctima acepte la gravedad de su situación –negación–. Este aspecto del problema comienza a interferir con la capacidad del enfermo para asegurar su sustento, el sostén de su familia o el mantenimiento de su empleo.

LOS EFECTOS DE LOS PROBLEMAS
SON COMUNES A TODOS

Excepto por una o dos diferencias, las condiciones siguen siendo las mismas para ambos sobrevivientes. Si las condiciones del hombre del bote incluyen su incapacidad para nadar, esto puede corregirse llevando un compañero y chalecos salvavidas para futuros viajes. De la misma manera, buscando ayuda médica y orientación pueden impedirse futuros problemas con el alcoholismo. En cuanto al agua helada en un caso, y a la predisposición genética a la drogadicción en el otro, estas son condiciones que pueden ser modificadas solo si el afectado toma precauciones respecto de su problema.

Es así como cada uno de estos individuos con su respectivo problema debe estar alerta a las condiciones que lo hacen vulnerable a este, pero nunca debe verse a sí mismo como si el problema fuera él, porque al hacerlo dirige incorrectamente su atención, hecho que se suma a su condición problemática.

Algunas veces el problema reclama una víctima. Cuando sucede una tragedia de esta naturaleza, uno tendrá la sabiduría suficiente para aprender de la pérdida, al recordar cuáles fueron las condiciones que la provocaron. Quizás la próxima vez esté mejor preparado para recorrer una senda similar. Sobre todo es importante que la persona se perdone a sí misma por no poder resolver el problema de la víctima, y siga amándose a sí misma por haber sido capaz de fijarse en la persona sufriente más allá del problema que esta tuvo.

Lo que las personas con problemas por lo general reciben de su entorno, es enojo y más conflictos. Pero ¿cuándo se ha visto que se demande a un árbol por haber golpeado con sus ramas la cabeza de alguien? Aunque la herida sea seria, difícilmente el herido buscará una compensación por parte del árbol. Claro que si simplemente cortara el árbol, seguramente no tendría que preocuparse de que algo parecido volviera a sucederle. De hecho, para evitar otra herida producto de algún suceso similar, el individuo podría cortar todos los árboles del bosque.

Sin embargo, sería evidentemente más productivo aprender a vivir entre los árboles. De lo contrario, todo el que fuera lastimado por un árbol se pasaría la vida cortando árboles como resarcimiento por su dolor y su enojo, sin tener ninguna oportunidad objetiva de poner fin al asunto.

Si el herido hubiese mirado el árbol desde cierta distancia, tal vez habría observado varias condiciones que podrían provocar la caída de sus ramas, y habiendo reconocido los síntomas de un posible percance con el árbol, probablemente habría evitado el golpe al pasar cerca de él. Podría haber notado que el viento, o el peso de la nieve y el hielo sobre las ramas, o bien la fuerza de la lluvia constante estaban haciendo que se doblaran sus ramas en forma no habitual. O quizás el árbol estuviera desprendiéndose de sus ramas porque se estaba muriendo y carecía de los nutrientes internos para mantenerse fuerte.

Al mudar sus hojas, ramas y corteza, el árbol sirve a un propósito importante para todas las criaturas vivas. Su ciclo de vida ayuda a preservar el equilibrio entre el oxígeno y el dióxido de carbono del aire. Al observar el árbol e intentar comprender qué fue lo que hizo que este soltara repentinamente un golpe dañino, el individuo se dará cuenta de que existe una manera confiable de convivir con los árboles sin tener que enojarse con ellos.

Los seres humanos a veces son como los árboles, porque hieren y ofenden a personas cercanas a ellos, sin darse cuenta de lo que hacen. Una respuesta repentina de ira de alguien a quien uno no tuvo ninguna intención de ofender, no remedia el dolor que uno le causó, sino que solo agrava su sufrimiento. Si podemos entender y perdonar las condiciones problemáticas de un árbol, que es un objeto inanimado, ¿cuánto más deberíamos tratar de comprender a nuestros semejantes, con quienes compartimos nuestra existencia?

COMPENSACIÓN POR LA PENA
Y EL ENOJO QUE NOS CAUSARON

Examinemos la reacción que presenta un animal que busca alimento al mismo problema del árbol que cae en el bosque, para comprender mejor por qué la gente no debe ver a los demás como un problema. En cierta ocasión vi un programa sobre vida salvaje, en el que se mostraba cómo reaccionan otras criaturas del bosque al simple sonido de una rama que se cae. Aparecía un animal que merodeaba en el bosque buscando qué comer, cuando una gigantesca rama se desprendió y cayó de forma estrepitosa en dirección al animal.

Sin ni siquiera mirar hacia arriba, el animal salió corriendo para alejarse de la rama que caía, escapó así del peligro momentáneo, pero una vez desaparecido el riesgo, volvió a alimentarse de las hojas tiernas y de otras más finas todavía adheridas a la rama, así como las que había en el suelo desprendidas por la caída. Evidentemente, este animal sabía vivir entre los árboles. Había aprendido que el ruido producido por una rama que se cae indica a la vez una situación de peligro y una posibilidad de alimentarse.

Al animal no se le habría ocurrido atacar al árbol. El árbol estaba ahí para darle de comer. Aunque la rama hubiese golpeado al animal, nada habría cambiado con respecto al propósito del árbol; este aún seguiría allí con el fin de proveer alimento. El animal no se sintió tentado a buscar represalia, porque podía ver la situación en perspectiva. El animal acepta al árbol por el propósito que este cumple, es decir, el de servir.

Quizás, en cierta medida, el animal perciba la delicada y necesaria relación que tiene con el árbol. Sin embargo, podemos estar seguros de que el animal no ve al árbol como un problema. Por el contrario, tiene la sensatez de ver la dificultad presentada por la rama que se cae, y busca evitarla, pero en última instancia considera esa rama vital para su propia existencia.

Claro está que el animal actuó por reflejo; pero nosotros, los seres humanos, que tenemos capacidad de razonar y habilidad para analizar, debemos ser capaces de ver la sabiduría demostrada por la actuación de la ardilla. Al igual que este animal, no debemos enojarnos con el árbol ni con la gente que involuntariamente nos ofende a lo largo de nuestra vida.

El enojo hace que nos sea imposible lograr esa adaptación de nuestra forma de pensar, y produce una parálisis en la capacidad de nuestra mente para ser creativos y tomar decisiones importantes. El enojo hace que el cerebro arremeta contra individuos, otros seres vivientes u objetos, atribuyéndoles un motivo intencional o personal.

La culpa es una característica exclusiva de la raza humana. Tratamos de achacar a otros el motivo de nuestras penas y enojos. A menudo lo hacemos porque buscamos algún grado de satisfacción o alivio. Desgraciadamente, no nos resulta fácil ver la similitud entre una persona con problemas y la rama que se cae de un árbol. Tendemos a ver a las personas como seres problemáticos que tienen la deliberada intención de hacernos la vida difícil, y con frecuencia dejamos de ver la posibilidad de que ese mismo problema contribuya a mejorar nuestra situación inmediata o nuestras relaciones interpersonales.

A diferencia del animal que perdona, los seres humanos vemos al árbol –es decir, a la persona– y a la rama potencialmente peligrosa –o sea, el problema que esta tiene– como si fueran una misma cosa. Cuando consideramos a una persona como un problema y nos rehusamos a perdonarla, se dan las siguientes consecuencias:

- Se posterga el derecho que la persona problemática tiene de ser amada.
- Perdemos la ayuda de la verdadera víctima para resolver el problema real.
- El problema real empeora.

Cuando consideramos a alguien como un problema, esencialmente lo herimos al ignorar su necesidad de ser amado. Nos concentramos tanto en la pena y angustia que nos ha provocado creer que el problema es la persona, que olvidamos que la situación para ella debe ser aún peor, quizás una pesadilla. Imaginemos por un momento que la víctima del problema está cegada y no puede verlo. Tal vez se trate de un defecto de su carácter que nadie tiene el valor, la motivación o la habilidad comunicativa para hacérselo notar. Este individuo problemático quizás se haya comportado durante la mayor parte de su vida de una forma que a otros les causa gran incomodidad o vergüenza. Cuando una persona causa molestia o vergüenza, a menudo los que ella ofende la etiquetan con un calificativo que nunca es positivo: generalmente se le pone, precisamente, la etiqueta de "problema".

Debemos recordar que los problemas rara vez desaparecen sin la ayuda de un proveedor de soluciones. Asimismo, debe comprenderse que los problemas vuelven a aparecer en cualquier oportunidad en que estén dadas las condiciones para que se produzcan. La manera de lidiar con determinado problema para darle una solución, no radica en eliminar o aislar a la persona que lo tiene, sino en amarla y resolver su dificultad. Al fin y al cabo, las personas tienen problemas.

Capítulo 3

TODOS TENEMOS PROBLEMAS

Aún aquellos que tienen una tenacidad natural para resistir las dificultades, fracasan fácilmente cuando pierden la fe en sí mismos.

Cada día me regocijo por el privilegio que tengo de ver y escuchar a mis hijos. De ellos he aprendido muchas cosas, entre ellas a sentirme cómodo con mis sentimientos. He notado que a mis hijos se les eriza la piel cuando viven un momento emocionante, como por ejemplo una oportunidad de perdonarme a mí o a su madre, o cuando alguna alegría inesperada se les mete en el corazón. Sin disimulo ni necesidad alguna de proteger un enorme ego, mis niños se permiten a sí mismos sentir la piel de gallina, esa que solo sienten cuando están en contacto con sus verdaderos sentimientos.

Con el paso de los años he aprendido a permitirme el repentino deleite que produce la piel erizada. De hecho, continuar experimentándola es indispensable para mi bienestar emocional, y lo hago todas las veces que puedo. Recientemente descubrí que esta sensación se origina involuntariamente y que, a pesar de ser un hecho muy natural, yo lo había suprimido inconscientemente en algún punto del trayecto recorrido desde mi niñez hasta mi edad adulta. Fue este el período de mi vida en el que creo haber comenzado a perder la fe en mí mismo y a considerarme un problema.

Hubo dos acontecimientos en mi vida que dan cuenta de mi experiencia con la piel de gallina: en la primera situación yo tenía diez años, y en la otra tenía cuarenta y uno. Esta última la narraré más adelante en este libro.

Hasta que tuve diez años nunca había dicho la palabra "papá". Jamás experimenté el erizamiento de la piel que mis hijos parecen sentir cuando los escucho por toda la casa decirme con voz cantarina "Papi, papi, papi" hasta que les contesto con un "Sí" y los atrapo en un gran abrazo. La primera vez que pronuncié la palabra "papá" fue uno de los días más felices y a la vez más triste de mi infancia; fue el día que mi padre decidió hacernos una visita imprevista a mi madre y a mí después de nueve años de ausencia.

Mi padre había desaparecido en un barco mercante cuando yo tenía un año. Mientras él viajaba por el mundo, aprendí a sobrevivir sin su presencia. Sin embargo, recuerdo que se me erizaba la piel cuando mi madre me contaba maravillosas historias acerca de lo apuesto que era mi padre y la forma en que la había ayudado a criar a mis cuatro hermanos mayores. Yo solía fantasear con su barco, imaginando cómo lucía él, engalanado con su uniforme azul de marino mercante. Pero principalmente soñaba que simplemente estaba con él, jugábamos lanzándonos mutuamente una pelota, íbamos a ver un partido o sencillamente me quedaba mirándolo mientras leía el periódico o se afeitaba.

Un día regresaba de mi práctica de fútbol de las ligas menores y encontré a mi madre sentada en el sofá, hablando con un desconocido. Al pasar cerca de ellos, hice un ligero movimiento de cabeza a manera de saludo, pero antes de que pudiera llegar a la cocina, mi madre dijo:

– ¿No vas a saludar a tu papá?

La piel se me erizó con toda su fuerza. Cada poro parecía del tamaño de una ciruela, tan grande que con mis manos podía sentir que me atravesaba la gruesa tela de mis pantalones de fútbol. La emoción me paralizó. En mi mente me preguntaba frenéticamente: "¿Y ahora qué hago?" Hasta aquel momento nunca había llamado a nadie "papi" o "padre". Finalmente, mientras sentía que la habitación me daba vueltas por tanta emoción, solté abruptamente un "Hola, papá", y la piel de gallina se me hizo más intensa. De repente, una mano del tamaño de un jamón glaseado hizo desaparecer la mía dentro de ella.

Durante el resto del día y hasta la noche acompañé a mis padres a visitar a los antiguos amigos y parientes que no habían visto a mi padre desde el día en que se subió a su barco mercante. Tenía un Cadillac negro bastante nuevo y vestía un elegante traje azul marino. Como nunca antes me había sentido tan orgulloso y seguro, sacaba el pecho ufanamente en todos los lugares adonde íbamos. No recuerdo mucho sobre aquel día, pero lo que sí recuerdo con toda claridad es que todos admiraban a mi padre.

Al volver a casa, mi madre me mandó adentro para que pudieran terminar su conversación dentro del auto. Pero cuando ya me alejaba, mi padre me llamó y me dijo que al día siguiente quería que me quedara en casa en lugar de ir a la escuela, para que me pudiera llevar a comprarme ropa y, más importante aún, me mostraría el barco donde trabajaba. Yo estaba encantado.

– ¡De acuerdo, papá! –le grité mientras corría y, sin pisar los cuatro escalones, alcanzaba el porche de un salto y aterricé con los dos pies.

Tanta era la excitación que estremecía mi piel, que a duras penas pude dormir algo aquella noche. Cada vez que pensaba en el sueño que se había hecho realidad, mi cuerpo se llenaba de adrenalina, mientras las alegrías del día siguiente y todo lo que este traería inundaban mis pensamientos, que galopaban en mi mente a toda velocidad, imaginando ver el enorme barco gris con el que había fantaseado toda mi vida. Estaba seguro de escuchar a los miembros de la tripulación cuando decían "¡Eh, Bob!, este debe ser ese chico genial del que has estado presumiendo. No hay duda: de tal palo tal astilla".

A pesar del insomnio de la noche, me levanté con la primera luz del día. Me apresuré a bajar las escaleras y comí el cereal que me habían servido para el desayuno, planché mi camisa y vaqueros, lustré mis zapatos, ¡e incluso me puse ropa interior limpia! Quería estar listo para que cuando mi papá llegara no lo hiciera esperar y desperdiciáramos así algo de lo que nuestro día guardaba para nosotros.

Esperé al lado del teléfono durante las siguientes horas y luego comencé a caminar de un lado para otro. Para el mediodía empecé a interrogar a mi madre sobre el paradero de mi padre. Ella trataba de asegurarme que vendría, y como ella nunca me había engañado, me consolé con lo que me decía. Mudé mi puesto de guardia a una silla cerca de la ventana y vi pasar los autos. Mis amigos volvían a la escuela después del almuerzo, y más tarde, desde los escalones del porche, los vi regresar a sus hogares luego de la escuela.

Cada vez que sonaba el teléfono corría a atenderlo, pero no era nunca mi papá. Después de un rato el día ya llegaba a su fin, y vi volver a mis amigos de la práctica de fútbol. Con tantos de ellos había presumido sobre mi papá, que cuando preguntaron les mentí, diciéndoles que habíamos cambiado de planes y que él vendría por mí en la noche. Pienso que una parte de mi ser lo creía.

Pero la noche llegó y se fue, y mi padre no apareció. Me fui a dormir hecho un mar de lágrimas. Aquella noche sentí más dolor y desconcierto que nunca antes en toda mi vida. Por primera vez en mi corta vida me acosté en mi cama sin que el pensamiento de mi padre me erizara la piel. Esa noche, una parte de mí murió.

AL MORIR UN SUEÑO SURGEN NUEVOS PROBLEMAS

Durante algunos días me quedé en casa a la espera de alguna noticia sobre mi padre, pero mi madre finalmente sintió que aquella situación era intolerable e insistió en que volviese a la escuela. Así lo hice. Pero ya no era el mismo niño de antes, ese que no había conocido a su padre. Me había sumido en una profunda depresión y, de repente, fue como si la oficina del director se convirtiera en mi destino cotidiano. Comencé a pelear con otros alumnos y faltar el respeto a mis maestros. Al poco tiempo perdí todo interés en la escuela. En realidad, nada me importaba. Estaba enojado con el mundo y me deslicé hacia un pozo de odio por mi propia persona, sentimiento del cual me ha tomado toda una vida recuperarme.

Desde aquel día en adelante me consideré a mí mismo un problema. Estaba convencido de que no tenía en realidad ningún valor, y de que era una persona conflictiva con una cabeza demasiado grande y unas calificaciones demasiado bajas. No era de extrañarse que mi padre no hubiese regresado a buscarme. Por lo que podía ver, no había nada positivo en mí. Al poco tiempo comencé a manifestar un comportamiento antisocial, y me suspendieron de la escuela durante una semana. Poco tiempo después me trasladaron de mi clase de cuarto grado a una de jardín de infantes, en un torpe intento de corregir mi conducta por medio de la humillación.

Y fue así como comencé a vivir una vida carente de emociones capaces de erizarme la piel. Esta sensación en mi cuerpo me había traído complicaciones, exponiéndome al dolor y la desilusión. Yo no era capaz de solucionar solo mis propios problemas, y por ello construí una defensa natural, como lo hacen muchas personas con problemas. Viví dentro de una fantasía que negaba la realidad, esa que me llenaba de tanto pesar. Durante el resto de mi infancia viví una vida imaginaria, deseaba ser otra persona. Me imaginaba a mi padre como una gran figura de los deportes que algún día vendría a rescatarme. Mientras tanto, no podía aceptar cumplidos ni regalos sin preguntarme qué querrían de mí a cambio. Si me daban algo, seguramente no era porque yo les agradara.

Ya en mi adolescencia, y más tarde como joven adulto, me obsesioné con la idea de poder demostrarle a mi padre que se había equivocado conmigo. Perseguía el éxito por una sensación de rabia y desesperación. Había veces en que atravesaba corriendo una muchedumbre de jugadores en el campo de juego, todos dispuestos a taclearme, para encontrarme luego tendido atrás de la línea de fondo, en un estado de intensa angustia. No podía celebrar una corrida brillante, por lo mucho que me aterraba la idea de poder fallar y demostrarle así a mi padre que tenía razón al rechazarme. En las ocasiones en que podía reducir aquella angustia a su mínima expresión, aun así no podía disfrutar ni apreciar mis talentos, o la victoria que ellos me ayudaban a conseguir para mis equipos.

Dos momentos en particular me demostraron que me había desconectado de mis sentimientos. Tendría que haber sentido la piel bastante erizada, pero no fue así. Había vencido una enorme desventaja académica con el fin de alcanzar un premio literario en la Vermont Academy, un internado de Saxons River. En mi último año me gradué con las más altas calificaciones y, como capitán, dirigí dos equipos de diferentes deportes, los llevé a permanecer una temporada invictos. El director se puso de pie y leyó un texto preparado sobre un premio especial. El alumno que lo recibiría había demostrado "una influencia excepcional por su gran alcance". Yo no sentí nada, aunque sabía que era a mí a quien entregaban el premio. No había emoción que erizara mi piel. No me sentí bien ni mal. Lo único que quería en aquel momento era que mi padre estuviese allí para reconocerme, y decirme que me amaba. Ninguna otra cosa importaba.

El segundo hecho que me hizo descubrir que me había desvinculado de mis sentimientos, ocurrió cuando estaba por terminar mi carrera en el Boston College. Concluí mis estudios universitarios como futbolista profesional All-American (Todo Americano) y fui escogido para jugar en los juegos del Shrine Este-Oeste y Senior Bowl All-Star Norte-Sur. También me eligieron como "jugador defensivo del año" en el Boston College y primer finalista del Premio Scanlon, que se otorgaba al jugador senior con la calificación promedio más alta del equipo. Poco después fui reclutado por los Santos de Nueva Orleáns en la tercera ronda de selección, a pesar de que me habían operado la columna cuando cursaba el segundo año.

A través de toda aquella experiencia me sentía distanciado e incapaz de disfrutar ninguno de los momentos de honor que normalmente alegrarían la vida de cualquier persona. En lugar de ver mis logros, solo podía enfocar mi atención en lo que imaginaba que mi padre pensaría de mí: que yo era un problema y un inútil. Cuando alguien se considera a sí mismo como un problema, tal pensamiento le hace pagar un precio muy alto en consecuencias emocionales y físicas.

SIN IMPORTAR CUÁNTOS PROBLEMAS USTED PUEDA TENER, ¡EL PROBLEMA NO ES USTED!

Poco después de ser reclutado por el equipo de fútbol de los Santos de Nueva Orleáns, me di cuenta de que todo lo había hecho para agradar a mi padre y a todos los demás. No sabía lo que yo quería para mí, y tampoco sabía quién era yo aparte de mi rol como atleta. Había usado los deportes como un intento inútil de recrearme. Después de tres años de lesiones en la espalda y haber pasado por cuatro equipos, me retiré del fútbol. Tenía apenas veintisiete años.

Confundido y asustado como estaba, me inscribí en un programa en la San Francisco State University. Después de haber recibido mi maestría en Estudios de Comunicación Oral, pasé a ser docente. Durante el tiempo que permanecí en aquella universidad recibí un premio al desempeño, que constituía uno de los más prestigiosos reconocimientos de esa institución. Sin embargo, no me sentía bien conmigo mismo.

Por ser un extraño para mis propios sentimientos y estar disociado de mi verdadero espíritu, aun este logro lo desvirtué, alegando que el departamento no había tenido mucho discernimiento para elegir el merecedor del premio.

Durante esta etapa de mi vida sufrí una depresión tan profunda, que constantemente dudaba del valor de cualquier cosa que hacía. Así aprendí que por creer que el problema es uno mismo, se paga un precio emocional y físico. Mi caso es un ejemplo de alguien que tenía problemas a pesar del éxito aparente. El creer que yo era un problema no hacía que mi éxito menguara, pero definitivamente me robaba la alegría.

LOS PROVEEDORES DE SOLUCIONES RECONSTRUYEN LOS SUEÑOS

No pude amarme ni disfrutar de mis propios triunfos mientras creí que el problema era yo. Nadie identificó mi dolor ni me explicó que una persona no puede *ser* su problema. Mientras tuve problemas creí que era indigno de recibir atención especial. Pasarían años antes de que aprendiera que aunque uno tenga problemas, aun así es un ser humano digno y capaz de ser amado.

La persona que lucha con sus problemas necesita desarrollar habilidades para solucionarlos. Una de las mejores armas que puede tener alguien para no ser derrotado por sus problemas, es un fuerte sentido de identidad, pues conoce cuáles son las virtudes que también posee y puede utilizar contra cada obstáculo. Dicho de otra manera, la persona necesita tener un sólido sentido de identidad y autovaloración para combatir los problemas que tratan de acorralarla.

Con frecuencia determinamos quiénes somos basándonos en cómo nos ven los demás. Nos autoevaluamos por la forma en que nos tratan los que nos rodean. Como medio de evaluación, es un recurso muy poco conveniente, porque en el mundo parecen ser muchas más las personas que tienen problemas que las que los resuelven.

Un proveedor de soluciones sabe edificar a su semejante con afirmaciones que demuestran cuánto este es valorado como individuo, y comprende el valor de equipar a otros con herramientas de autoestima. Cuando todos seamos seguros y fuertes podremos construir un mundo mejor para vivir.

Cuando cada individuo presta atención a sus talentos en lugar de sus defectos, puede anticiparse que aportará grandes beneficios que podremos compartir todos los habitantes del planeta.

Capítulo 4

LAS PERSONAS CON PROBLEMAS NECESITAN AYUDA

Una persona que no puede reconocer el origen de sus problemas carece de habilidades para resolverlos.

Cuando uno ignora el problema real y trata a una persona como si ella fuera el problema, muchas veces esta reacciona arremetiendo contra su acusador y tratará de evitarlo. En ambos casos, al abordar la tarea de manejar o resolver el problema real, perdemos la ayuda de la víctima, es decir, la persona que sufre el problema.

Imaginemos qué sucedería si un psicólogo abordara a un paciente como si este fuera un problema en lugar de una víctima. Inmediatamente el paciente levantaría un muro entre él y su médico, y este último, a quien en algún momento se le había considerado como parte de la solución, dejaría de ser aceptado como tal.

Si el paciente no puede dar a conocer sus sentimientos, deseos y necesidades, entonces el psicólogo se verá seriamente limitado en su capacidad de ayudarlo a que se enfrente con su problema. Médico y paciente son un equipo, y desde el momento que el paciente entra en el consultorio, ambos deben concentrar sus energías en el problema real.

Al ver a la víctima como si ella fuera el problema, ponemos a funcionar dos consecuencias:

- La víctima del problema se pone a la defensiva.
- El problema real aumenta, al ser indirectamente estimulado.

Cuando alguien actúa defensivamente para evitar que lo etiqueten con el calificativo de "problema", se pregunta: "¿Por qué no te agrado? ¿por qué no me amas?" A todos nos gusta tener amigos, como dice el doctor Ken Blanchard en su libro *We are the Beloved* (Nosotros somos queridos).

Algunos atacan, como una manera de adaptarse a la etiqueta de "problema" que les ponen. Los seminarios sobre relaciones humanas que he llevado a cabo con jóvenes de barrios marginales, han revelado algo que los miembros de la familia humana tienen en común si a una edad temprana alguien nos dice que somos un problema o nos tratan como tal; con frecuencia respondemos a esto atacando a todo el mundo con una actitud de furiosa represalia. Es muy probable que sigamos haciéndolo hasta que alguien o algo nos ayude a darnos cuenta de que no somos un problema sino, en realidad, una persona afectada por un problema.

No existe un competidor más feroz que alguien que busca proteger su yo herido. Cuando a una persona se la hace sentir que es un problema, se siente atacada y se pone a la defensiva. Por lo tanto, a ninguna persona se le debería hacer sentir que está enfrentada con el mundo entero.

Sucede a menudo que cuando surgen discusiones o malentendidos, estos son provocados por dos personas a quienes se les puso el rótulo de "problema". Y si ambas responden por medio del ataque, esta reacción echa más leña al fuego del problema existente.

Consideremos lo que ocurre durante un incendio forestal. En 1991 un sector de zonas residenciales sobre las colinas de Oaklands fue presa del más horrendo incendio en la historia de California. En las colinas de Oaklands tengo mi residencia, y fui evacuado junto con mi familia. Luego que mi esposa y yo habíamos trasladado a los niños a un lugar a suficiente distancia del fuego, observamos cómo las monstruosas llamas coloreaban el cielo de naranja y rojo mientras devoraban los bellos pinos y eucaliptos.

No podíamos evitar maravillarnos al ver cómo el fuego se había esparcido tan rápido y quedado fuera de control. Las cuadrillas de bomberos combatían el fuego con mangueras de agua, y desde las alturas, otra cantidad de agua y retardantes era soltada por los helicópteros.

Más tarde nos dimos cuenta de que el fuego había continuado propagándose porque los bomberos ya no seguían lidiando con el problema, sino con el síntoma. Había fuertes vientos, y un aire caliente y seco azotaba la zona, y convertía en un incendio de enormes proporciones una situación que de otra manera se habría podido manejar normalmente.

Ya entrada la noche, providencialmente entró la niebla desplazándose poco a poco, y los vientos se apaciguaron. Así como el viento y el aire, con frecuencia somos nosotros los elementos que atizan las llamas. Enfrascados en una batalla de culpas que recibimos y culpas que echamos a otros, nos convertimos en presa del verdadero problema, que entonces crece hasta que escapa de nuestro control, y con el tiempo nos destruye. Lo que hay que sofocar –al igual que las llamas– es el problema; en cambio, a la persona debemos amarla.

LA IDENTIDAD EQUIVOCADA

Para evitar sofocar a una persona cuando estamos tratando de ayudarla a apagar las llamas de sus feroces problemas, debemos ser capaces de separar claramente la persona real de sus símbolos problemáticos.

Yo pregunto: ¿Puede el símbolo de la bandera estadounidense *convertirse* en los Estados Unidos? ¿puede el símbolo del águila *convertirse* en el pueblo estadounidense?

Por mucho que lo intentemos, no podemos hacer que un sustantivo *se convierta* en otro sustantivo. Dicho de forma sencilla, hay atributos singulares que identifican a un sustantivo que lo distinguen de otros que podrían utilizarse para simbolizarlo. Por lo tanto, este sustantivo –que puede definir a una persona o a una cosa– no puede convertirse en otra persona, lugar o cosa por más que lo llamemos con otro nombre.

La persona que padece un problema no se convierte en el problema, sin importar cuánta gente pueda llamarla "problema". Un problema, si bien puede molestar a una persona, no puede ser la persona. Más importante aún: sabemos que los problemas no se resuelven dándoles un nombre. Los problemas se resuelven cuando se descubre su raíz y se revierte su efecto.

EL RESPETO HACIA SU PROPIA PERSONA PUEDE RESTAURAR A UN INDIVIDUO PROBLEMÁTICO

Una de las maneras más amables de ayudar a la víctima de un problema es reconocer primeramente lo que tiene de admirable y digno de amor y de honra. Podemos ayudar a una persona cuando le mostramos la diferencia que hay entre quién es ella y lo que le ha sucedido. Muchos individuos no pueden decir quiénes son, y en cambio sí pueden decir los problemas que tienen; pero en algún lugar y momento del caos de sus vidas, perdieron su sentido de identidad.

¿Sabe usted cuáles son esas cualidades suyas únicas con las que usted contribuye con la sociedad? En el capítulo diez compartiré algunas herramientas útiles para que usted explore esos atributos suyos que inspiran amor. Usted aprenderá técnicas que incluso le ayudarán a reconocer las cualidades de su prójimo. ¿Se ha tomado el tiempo necesario para descubrir qué habilidades puede que tenga su vecino o compañero de trabajo, con las que podría ayudarlo a usted a resolver sus problemas? O quizás usted tenga una respuesta simple, sacada de su banco de conocimientos, que podría acortar el camino al éxito de otra persona. A través de estos intercambios emocionantes pronto se hará manifiesta una verdad: que *el problema no es la persona, pero juntos seguramente pueden encontrar respuestas al problema.*

Dejamos de conocer a una persona porque tendemos a remplazar su ser real con la etiqueta que representa la forma en que la vemos. Pero precisamente, como ahora sabemos que las personas no son problemas, también debemos darnos cuenta de que tampoco son etiquetas. Una persona no es un símbolo del trabajo que realiza o el papel que representa. Dentro de cada persona hay un espíritu de niño que desea hacer lo correcto y disfrutar de la paz que produce ser aceptado por los demás.

En consecuencia, cuando le decimos a una persona que ella y sus síntomas problemáticos son una misma cosa, cometemos el error de incorporar el problema a la persona, y cuando esto ocurre, nos perdemos la verdadera grandeza que sus valores tienen para nuestra vida, malogrando así su esperanza de recuperación.

El escritor Kenneth Burke llama al hombre "el animal que usa y abusa del símbolo". Por ejemplo, el símbolo que lo representaba a usted antes de nacer era "bebé", pero en comparación con su auténtico ser, de poco le habría valido el símbolo a alguien que lo hubiese querido abrazar y besar antes de que usted naciera. Para apreciarlo y demostrarle la expresión completa de su amor, la gente necesitó ver su ser real: físico y espiritual. Sin su presencia, ni usted ni su admirador podían beneficiarse de la calidez y sinceridad que podían haberse transmitido en ese contacto humano. Es fácil entender, con esta ilustración, que el símbolo no es la persona real.

¿Cuándo fue la última vez que usted abrazó la bandera que representa a su país? Estados Unidos es una gran nación y no ha habido ocasión en que yo haya asistido a un evento deportivo y no haya saludado la bandera de este país mientras cantamos el Star Spangled Banner. Sin embargo, la alegría y orgullo que siento no provienen de las estrellas y las rayas, sino de la cercanía que siento con la multitud de personas presentes.

Saludo la bandera –el símbolo– pero amo lo que esta representa, gente de todas las naciones que han venido aquí, han trabajado tan arduamente y amado tanto a esta nación que Estados Unidos puede ser lo que es hoy.

Los síntomas siempre simbolizan un problema mayor. Los síntomas son las señales que se nos envían para indicarnos que hay problemas con alguna persona o situación. Aún peor, los síntomas revelan que alguna dificultad está estrangulando a una víctima, ya sea esta un objeto o un ser humano.

Las personas no son síntomas y no debería percibírselas nunca como la representación de un problema. Todos los seres humanos, jóvenes o viejos, tienen con otras personas necesidades en común. Aunque sus problemas puedan hacerles parecer duros e indiferentes, dentro de su morada física (su cuerpo) habita un espíritu pueril que necesita que lo conforten y, a veces, que lo ayuden desde afuera.

LAS PERSONAS NO SON ADJETIVOS
SINO SUSTANTIVOS

En la definición del diccionario que usamos anteriormente, vimos que la palabra "problema", que la mayoría de las veces se utiliza como un sustantivo –nombre– se usaba en cierto caso particular como adjetivo para describir a un niño. Los sustantivos no sirven como adjetivos. No modifican, sino que son modificados, o al menos podemos intentar modificarlos. El ejemplo usado en el diccionario llama al niño un "niño problema". Quizás lo que la definición pretenda sugerir es que tiene un "comportamiento problemático". Si calificamos de problemático al comportamiento de un niño, podemos tomar medidas de tipo clínico, si es necesario, para modificar tal conducta. Pero ¿qué podemos hacer para modificar al niño?

¿Puede usted modificar a un niño para que tenga más o menos características humanas? No, el niño es un ser humano y continuará siéndolo por el resto de su vida. Aun cuando su cuerpo envejezca, la memoria y los sentimientos que hacen del niño un ser humano continuarán existiendo. Uno no modifica a la persona. Cuando a un niño se le enseña que él es un problema, esto provoca en él una gran desesperación, y en lugar de buscar maneras creativas de salir de sus dolorosas condiciones, aprende a esperar los problemas como parte de su desesperanzada existencia.

Hacemos bien en disciplinar a un niño por su mala conducta, pero aun así lo amamos; de lo contrario tendremos que enfrentar el riesgo de que al crecer se convierta en un adulto con problemas no resueltos. La profecía negativa que conlleva su propio cumplimiento dice: "Si a un niño lo llamamos 'niño problema', sucede con bastante frecuencia que él comienza a creerlo". Creerlo es el primer paso para comenzar a serlo.

Lamentablemente, el creer una mentira enciende la mecha del poder para convertirse en un fracaso. Por ello es natural que el niño que escucha a otros decir que él es un problema ¡desarrolla la creencia de que el problema está en él! Cuando este sistema de creencias se instala en el corazón del niño, su mal comportamiento se vuelve un síntoma –símbolo– de tal creencia, es decir, de que para su problema no hay solución.

Si tiene alguna relación con un niño que tiene problemas –como en el caso de un padre o madre, maestro, mejor amigo, etc.– usted podría asimilar el problema del comportamiento indisciplinado del niño, porque cada vez que a alguien con quien usted mantiene una relación se le impide alcanzar sus metas o sentido personal de satisfacción, puede percibir esa angustia como un problema propio. Y sin embargo, en el caso de la mala conducta, ya se trate de un niño o de un adulto, este comportamiento no es más que el síntoma.

La persona problemática necesita que se le restituya su identidad. Cuando identificamos a las personas con adjetivos en lugar de hacerlo con nombres –sustantivos– podemos causarles mucho daño. Los psicólogos infantiles invitan a los padres a que califiquen a sus hijos con nombres que reflejen su verdadero carácter, con el fin de construir su autoestima de forma saludable. Cuando los niños se identifican según adjetivos tales como "bonita" o "apuesto" que describen su aspecto físico, pueden volverse cohibidos y sentir que su valor está condicionado únicamente por la aceptación de su imagen personal.

Uno de los ejemplos más contundentes del daño producido por señalar a las personas mediante adjetivos en lugar de hacerlo por medio de nombres, es el conflicto de los afroamericanos. Hace seiscientos años, cuando fueron traídos a Estados Unidos por primera vez, llegaron con una clara comprensión de quiénes eran. Se conocían a sí mismos como tribus particulares del tercer continente más grande del mundo. Tanto el nombre del continente como el de la tribu eran nombres que les brindaban una identidad, y como todo pueblo del mundo, recibieron la dignidad del nombre asignado a su pueblo o país "paterno-materno". Se identificaban por sus orígenes nacionales y tribales: keniano, nigeriano, ugandés, zulú, suahili. Estos nombres traían aparejada una historia de valores, espiritualidad, moral, esperanza, rituales, leyendas y fe. Este tipo de nombre propio contribuye a la composición de la esencia de cualquier pueblo. Las experiencias que estos grupos humanos traían con ellos de su tierra natal los estableció en la nueva tierra con un sentido de pertenencia a un patrimonio cultural, y ello contribuyó a la preservación de su autoestima.

Cuando a un pueblo se le priva del recuerdo de quiénes son y de dónde han venido, se le priva al mismo tiempo de una forma de amarse y de celebrar su historia. Los afroamericanos fueron tratados como si no tuvieran ningún origen. Se los llamaba "esclavos", "negros", "morenos", etc. Muchos se preguntan por qué algunos afroamericanos parecen un pueblo que estuviese perdido. La respuesta está en que cuando se les despojó de la identidad que su nombre propio les proporcionaba y tal sustantivo se remplazó con un "adjetivo", se sintieron confundidos en cuanto a quiénes eran y con qué nombre debían autodenominarse.

Con el paso de los años los afroamericanos han sido identificados por medio del adjetivo "negros". Esta palabra era inicialmente una etiqueta peyorativa y continuó percibiéndosela de esa manera hasta que esta raza asumió un poder propio y se apropió de la palabra para enriquecerla con perspectivas e imágenes positivas representadas en canciones, arte, indumentaria y literatura. Todo ello era expresión del simbolismo patrio originado en África.

Pero a pesar de cuánto se había dignificado la referencia a los "negros", seguía siendo simplemente una idea abstracta que carecía de descripción y localización. Esto queda demostrado por la forma en que esta referencia está perdiendo rápidamente su función de representar la grandeza que el carácter del pueblo afroamericano verdaderamente expresa.

A ningún otro grupo humano se le ha modificado su nacionalidad por medio de un adjetivo, excepto en el caso de algunos estadounidenses de ascendencia europea que se identifican como "blancos" para distinguirse de los afroamericanos de piel oscura.

Cuando llegaron a Estados Unidos, los europeos se apegaron a su patrimonio cultural. Todos disfrutamos comidas y tradiciones festivas de culturas importadas. Estadounidenses con orígenes europeo tales como Italia, Irlanda, Dinamarca, Finlandia, Polonia, Holanda, Suecia, Suiza, Alemania, Rusia, Gran Bretaña y Escocia pueden ir al aeropuerto y comprar un boleto que los lleve a su madre patria, identificada con un nombre. Pero los estadounidenses negros no podrían comprar un boleto para viajar a "Negro" aunque de ello dependiera su vida. Simplemente no puede comprarse un pasaje sin ningún destino. Los aviones, trenes y barcos no se dirigen a lugares nombrados con un adjetivo; solamente van a lugares que se llaman con un sustantivo, es decir, un nombre.

A los afroamericanos les ha tomado años ponerse de acuerdo colectivamente acerca de una identidad nominal que no posea un adjetivo: ellos son, primero americanos, luego africanos. Una vez que ha quedado atrás la "búsqueda del tesoro" que era para ellos el encontrar un nombre que los identificara, los afroamericanos pueden comenzar el proceso de reparación de su autoestima. Ahora pueden estudiar el patrimonio que han heredado y enriquecer la celebración ecléctica de culturas de los Estados Unidos, al aportar la colorida fuerza de la historia africana que ahora le pertenece a dicha nación. Porque cuando un pueblo tiene una comprensión clara del nombre que identifica su origen paterno-/materno, hace cosas que ese nombre hizo. Los nombres humanos se aman a sí mismos, respetan a otros nombres humanos, y comprenden las diferencias y similitudes que existen entre ellos. Saben que aunque la gente tenga problemas, ¡ellos nunca pueden convertirse en el problema!

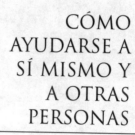

CÓMO AYUDARSE A SÍ MISMO Y A OTRAS PERSONAS

Capítulo 5

PODER PARA DESCUBRIR NUESTRO POTENCIAL

*Cuando una persona se
da cuenta de que
no es ella el problema,
recupera su deseo
de vivir la vida al máximo
de su potencial.*

A mí me costaba estudiar debido a las muchas desilusiones de mi vida familiar. Me fui deslizando lentamente hacia un estado depresivo como resultado de una baja autoestima, porque casi todos, excepto mamá, me trataban como si yo fuera un problema. Para el momento que cursaba octavo grado me encontraba enojado, frustrado y deprimido. Sin embargo, algo me llevó a esperar que apareciera una salida, algún camino hacia una vida mejor, en lugar de caer en el foso de apatía en el que mis amigos yacían completamente postrados. Aunque veía a mis mejores amigos sucumbir a las drogas y el alcohol, me resistía a optar por esos caminos, y permanecí alerta por si surgía cualquier esperanza de cambio.

Aunque trabajaba duro y tenía iniciativa propia, estoy agradecido por las personas que aparecieron en mi vida y me ayudaron buscar dentro de mí mi mayor potencial. A muchas de esas personas las menciono en el tributo que he hecho al final de este libro. Entre ellas, agradezco a Bill Thomas, quien se acercó al parque de nuestro vecindario y me encontró allí junto con mis amigos, de la misma manera en que las personas de aquella organización encontraron al joven vendedor que conocimos en el primer capítulo. Yo sabía que él no vivía por ahí, e inmediatamente quise averiguar por qué se encontraba en nuestro parque. Él sonrió y preguntó si podía jugar baloncesto con nosotros.

Nos contó acerca de un campamento gratis al que podríamos asistir aquel verano. No conocía a aquel hombre, pero había algo en esa consideración con que nos trataba que me motivaba a saber todo acerca de él.

El señor Thomas me trató como una persona con potencial, y nunca actuó como si me considerara un problema. Se tomó el tiempo necesario para mostrarme nuevas posibilidades. Después de haber mirado lo que había fuera del círculo de mis problemas, quise encontrar la forma de permanecer en aquel reino de libertad. Al cabo de poco tiempo de conocernos, yo sabía que algún día quería ser yo quien abriera nuevas puertas para que otros entraran por ellas.

A raíz de que Bill Thomas me viera como un niño que necesitaba atención y no como un problema que había que evitar, se me dio la oportunidad de conocer a dos hombres que cambiaron mi vida drásticamente y para siempre. El primer hombre fue Jim Schoel, a quien conocí en la Academia de la calle Harlem, donde aprendí a leer y escribir. Jim era un hombre amante de las actividades al aire libre, y había sido uno de los que ayudaron a establecer el programa llamado Upward Bound* en los sesenta. Vino a Harlem con la esperanza de hacer que niños de barriadas marginales conocieran la aventura de hacer caminatas y campamentos en los bosques de Vermont Woods. Pasé dos meses con él en el bosque, y en ese tiempo aprendí más acerca de mí mismo que todo lo que haya podido aprender antes o después de esa experiencia. Aprendí que podía trabajar en equipo y que los demás consideraban mi utilidad y mis recursos. Y lo más importante: descubrí que yo no era un problema, sino que de hecho era la solución para muchos problemas que surgían de los desafíos que el bosque nos presentaba. Jim Schoel fue también el hombre que recolectó el dinero necesario para que yo asistiera a la Vermont Academy. Treinta años más tarde, él me hizo recordar por qué se esforzó tanto para que yo tuviera éxito, me dijo:

– Robert, tú eras la persona más visionaria que yo había conocido en mi vida. Tenías una determinación y un entusiasmo por la vida a los que yo necesitaba prestar atención.

Ahora que lo pienso, no tenía idea de que alguien tuviera una visión tan positiva de mí, porque en aquel tiempo yo me consideraba un problema.

Como dije antes, el señor Thomas me había inscrito en el campamento urbano de baloncesto de ligas menores y, una tarde, durante un programa de instrucción, tuve la oportunidad de conocer a Bill Bradley, una estrella de los New York Knicks. Al igual que Jim Schoel, Bill había sido bendecido con el don de saber que ninguna persona es un problema. Desde el momento que lo vi tuve la sensación de que él estaba preparado

---

* N. del T.: en EE.UU., proyecto federal preuniversitario de ayuda académica para estudiantes de bajos recursos económicos

para conocerme tal como yo era, sin importar cuántas diferencias hubiera entre nosotros debido al trasfondo cultural de cada uno. Bill se había graduado en Princeton University, y luego en Oxford, Inglaterra, donde había sido un becario Rhodes en Ciencias Políticas. A pesar de estos logros, tenía la suficiente consideración hacia nosotros, los chicos pobres de Harlem, como para venir a conocernos. El saber que había venido de tan lejos para conocerme me hacía sentir mayor que cualquier problema que yo tuviese en ese momento. Dios sabe que yo no habría podido llegar hasta él.

Bill habló conmigo; y creo que sus palabras estaban enfáticamente dirigidas a mí, pues lo que decía quedó muy fuertemente impreso en mi corazón. Eran palabras que nunca antes había oído, y venían de alguien a quien yo tenía en gran estima. Por primera vez en mi vida oí decir que ser un atleta profesional era algo efímero, y a menos que uno se preparara con educación académica, estaba destinado a volver a la misma condición de la que estaba tratando de liberarse. Lo que dijo cambió mi vida.

Hoy esas palabras de ánimo acerca de los beneficios de la educación, se han convertido en un lugar común, pero para mis oídos de niño fue como oír el Evangelio por primera vez. Asimilé cada una de las palabras que dijo e hice de ellas mi afirmación diaria. Años más tarde, cuando Bill Bradley se hizo senador me alegré mucho, porque verdaderamente era un hombre a quien le importaban las personas y tenía incorporado el concepto de que ninguna persona es un problema.

ES MÁS FÁCIL CREER EN UNO MISMO CUANDO OTRA PERSONA ESTÁ DE ACUERDO

De forma inesperada, me habían presentado una nueva concepción de las cosas. Veía un mundo más grande, del que yo podía formar parte. De repente, el que mis amigos se drogaran ya no era problema mío, como tampoco era problema mío que algunos maestros dijeran que yo nunca lograría nada en mi vida. Tenía una nueva visión de la vida, plena de potencial y oportunidades para hacer y ser lo que yo quisiera. Entendí que las personas problemáticas no podían impedir que yo tuviera éxito y, en cambio, conocí personas que proveían soluciones para los problemas, y ellas me señalaban el camino hacia una mejor forma de vivir. Descubrí que ni siquiera las personas que tenían problemas podían impedir que yo cursara mis estudios secundarios, o practicara fútbol profesional, o estudiara una maestría, ni que fuera profesor universitario o formara una hermosa familia.

Una vez que tuve la visión de lo que podía ser la vida, para mí no hubo vuelta atrás. Ahora quiero invertir mi triunfo en ayudar a otros a descubrir que el motivo por el cual no pueden llegar a su destino no es ninguna persona. Por el contrario, las personas pueden ayudarlo a uno a despegar, y mientras más gente uno rescate de los problemas que los agobian, mayor será la oportunidad que uno tenga de alcanzar, incluso más pronto aún, su propio sueño.

En nuestros grandes momentos de desesperación necesitamos poder para superar problemas. Necesitamos ver cuáles son nuestras posibilidades. Con frecuencia la gente espera hasta que se encuentra en el nivel más bajo para ir en busca de su Creador y pedir ayuda a Dios. Pero es en ese momento de oración cuando la persona encuentra el poder necesario para buscar su mayor potencial. Así como todos necesitamos darnos cuenta de que fuimos creados para servirnos unos a otros con nuestros dones y talentos únicos, debemos descubrir también que hemos de ser totalmente dependientes de Dios.

EN BUSCA DE UNA FELICIDAD AÚN MAYOR

Nunca he lamentado haber entregado mi vida a Dios. Doy a conocer esta parte especial de mi historia, porque fue aquí donde encontré la capacidad para ir en busca de la grandeza de la vida, que hoy conozco y disfruto.

Luego de muchos años de dar conferencias y hablar con la gente, he descubierto que mi actitud interna de concentrarme en el fracaso no era algo inusual, como tampoco mis impotentes intentos de vencer solo el concepto de inutilidad que tenía de mí mismo.

Necesité ayuda para amarme a mí mismo. Aprendí a hablar en un tono más alto, dar un paso al frente y reconocer mis necesidades, y admitir primero que necesitaba a Dios. Solo cuando aprendemos a amarnos a nosotros mismos como para compartir nuestro ser con otros, comenzamos a ver nuestro propio potencial para encontrar la felicidad.

Comencé a extraer fuerza de la oración, y en aquellos momentos Dios me consolaba y afirmaba mis pensamientos. Recordé las veces en que veía a Dios extendiéndose hacia mí cuando era niño. Recordé también las veces en que había visto orar a mamá, pidiendo fortaleza para criar a sus hijos.

Recordé cómo Él envió a Bill Thomas al parque de mi barrio para que me mostrara un tipo de vida que estaba más allá de las pocas calles que yo conocía. Recordé el milagro que me llevó del Bronx al internado con el que había soñado de niño, y cómo un benefactor acaudalado, que vio mi gran interés en triunfar, decidió financiar mis estudios para poder ingresar en la escuela secundaria. Por primera vez vi claramente lo que había sido para mí un Dios y Padre lleno de amor, aunque no hubiera estado consciente de su presencia. Dios se me hizo evidente a través de todo su obrar en mi vida.

Hice memoria de los días cuando estudiaba secundaria en la Vermont Academy, y cómo me encantaba caminar entre los hermosos robles, pinos y cedros que crecían dentro del terreno universitario sobre aquella tierra rica y vigorosa que los nutría. Comprendí que mi corazón tenía que hacerse blando como esa tierra para que pudiera recibir la semilla de la verdad que Dios había sembrado en mi corazón. Entendí que Dios nunca me había considerado un problema. Por el contrario, se había movido en mi vida desde un principio para demostrarme su amor.

Abrir mi corazón al poder de Dios fue la decisión más importante que haya tomado, y también la más importante a la que todo individuo debe hacer frente.

LA VIDA NECESITA BUENA TIERRA DONDE CRECER

Necesitamos un corazón blando para recibir el poder de alcanzar el máximo de nuestro potencial. Solo el suelo que tiene la textura más blanda puede alimentar a un enorme roble o un pino, y esto es una realidad que siempre me ha conmovido. El suelo rico y fértil se me asemeja al corazón de algunas personas en quienes he plantado mis raíces emocionales. Sin importarles cómo actué en el pasado, por tener un corazón tierno, sintieron que no era yo el problema que daba lugar a mi comportamiento.

Fue durante aquellos momentos de reflexión, en mis plegarias, cuando sentía sed de la verdad, cuando llegué a entender que mi corazón se había endurecido. Durante tanto tiempo había creído la mentira de que el problema era yo, que mi corazón se había vuelto seco y árido, incapaz de recibir las buenas semillas que tantas veces habían sido esparcidas en mi camino.

Para que mi corazón se ablandase tenía que corregir la visión que tenía de mí mismo y de la vida en general. Tenía que ver la vida, no a través de los ojos de un niño de diez años, desilusionado, sino desde el punto de vista de Dios. Simplemente al pedirle ayuda a Dios tuve la posibilidad de comenzar de nuevo.

Jesús enseñó que a menos que un hombre nazca de nuevo, no puede ver el reino de Dios. Para encontrar lo mejor de mí, le pedí a Dios una oportunidad de comenzar de nuevo y ver los planes que Él tenía para mí, en lugar de los problemas que continuaban robándome la paz interior. Hoy, cuando a veces me siento tentado a visitar de nuevo mi antigua zona incómoda, esa dominada por las dudas sobre mí mismo, busco refugio en la oración y encuentro el poder para aferrarme al potencial que la vida me ofrece en lugar de sus problemas.

Durante estos momentos de retrospección, repito una afirmación que yo mismo forjé para mantener a raya mi impulso negativo: "Cuando la tierra está blanda es cuando está en su momento de mayor fuerza".

Durante el trayecto que recorrí desde el pensamiento que me decía "soy un problema" hasta la verdad que corrigió ese pensamiento diciendo "tengo problemas", pude darme cuenta de cuánto nos parecemos a la tierra del relato bíblico sobre el sembrador que encontramos en el capítulo 13 del libro de Mateo. A veces somos duros y nos cerramos a palabras buenas que podrían brotar en forma de éxito, así como las semillas del sembrador. Cuando nuestro corazón se endurece, estas semillas quizás reboten y se queden estacionadas en la superficie, o se alojen en las grietas del suelo.

Algunas semillas probablemente se deshidraten y se sequen debido al calor del sol, y muchas más podrían ser llevadas por el viento. A otras las comen los pájaros o se las lleva algún repentino chaparrón de verano. Ninguna de esas semillas conoce nunca su potencial. De la misma manera, cuando nuestro corazón es duro e impenetrable, nos encerramos y dejamos al mundo afuera.

Al encontrarnos en este estado, las inquietudes y necesidades de aquellos que nos rodean caen en oídos sordos. Algunas veces esas personas cuyas necesidades ignoramos son nuestros padres, hermanos, hermanas, esposos y esposas. Otras veces puede tratarse de nuestros hijos, nuestro mejor amigo o nuestro vecino. Incluso puede ser un compañero de trabajo o algún desconocido perdido, hambriento y sin hogar.

¿Qué hace que una persona se vuelva dura como el tipo de a que no puede producir comida para alimentar al ham- o? Sé que una razón de ello son las heridas acumuladas que resultan de que uno haya sido tratado como si fuera un problema. Así como la tierra agrícola depende del agricultor para que le proporcione el sustento –fertilizantes, agua y protección– con el fin de producir alimentos para el mantenimiento de la familia humana, nosotros también necesitamos el cuidado y amor de los demás para mantener nuestra tierra regada con la verdad y fertilizada con un sentido de autovaloración, de manera de poder ayudarnos tanto a nosotros mismos como a otros seres humanos.

Cuando la tierra es blanda, tierna y fértil, densa y completa, podemos sentir cómo su fresca consistencia se desliza entre los dedos de nuestros pies cuando caminamos descalzos sobre ella. Cuando es lo bastante húmeda y rica para que se formen terrones, podemos recogerla en nuestras manos. Es entonces cuando el suelo tiene su mayor fuerza y es más poderoso, porque puede alimentar a todo el planeta y todo lo que vive en él. En otras palabras, cuando la tierra está en condiciones de dar, es cuando alcanza su mejor estado, y solo puede dar en abundancia cuando está blanda, porque su suavidad es capaz de recibir la semilla, esa que realiza su potencial y nutre a nuestros semejantes.

LOS INDIVIDUOS PROBLEMÁTICOS DEBEN SER RESTAURADOS PARA QUE ALCANCEN SU POTENCIAL

No hace mucho visité la oficina de uno de mis clientes de consultoría gerencial al norte de California. Cuando entré en el edificio noté que había carpinteros y técnicos de computadoras trabajando por todas partes. Las paredes estaban cubiertas de pintura fresca, y en todos lados se podía ver cajas que contenían mobiliario nuevo. El lugar de trabajo estaba lleno de instalaciones eléctricas y cables para computadora, y todo ello proporcionaba un clima creciente de sano orgullo.

Sin embargo, lo que más llamaba la atención en aquel lugar era la forma en que los empleados habían aprendido a convivir con los obreros, sin poner en riesgo su productividad. Me impresionó mucho ver con cuánta eficiencia la compañía mantenía su nivel de producción en medio de tamaña intromisión en el ambiente de trabajo. Cuando le pregunté a la gerente de la oficina cómo podía lograr tal proeza, me contestó:

– A cada persona de la oficina le di la oportunidad de ayudar a planificar la refacción del espacio de trabajo, desde elegir a los contratistas de la obra hasta decidir de qué color serían los inodoros. Todos tuvieron una oportunidad de asumir cierto grado de propiedad durante el proceso.

Esa fue una forma sensata de crear un ambiente de cooperación, pero lo que más me impresionó fue algo que dijo cuando me acompañaba hasta la puerta:

– Habíamos considerado derribar toda la construcción y dejar los cimientos, pero había demasiada gente que luchaba por apegarse al carácter de fondo de la oficina. Se llegó al acuerdo de que añadiendo unos cuantos elementos y actualizando los sistemas de comunicaciones e informáticos, se mejoraría la oficina sin perderla.

Pensé qué apropiada era la situación de aquella oficina como analogía para ilustrar la restauración de una persona problemática. Imaginé cuáles habrían sido las consecuencias para la productividad de aquella compañía, si hubieran preferido demoler la construcción donde tenían su espacio físico. De haberlo hecho, los empleados tendrían que haberse desconectado del sistema para reubicarse temporalmente, y los clientes habrían sido perjudicados por la paralización del servicio que se les debía brindar. Toda aquella terrible experiencia se habría repetido luego, cuando llegara el momento de volver a ocupar la oficina, una vez remodelada.

Dicho de manera sencilla, esta situación explicaba el principio de que las cosas no siempre necesitan ser derribadas para mejorarla. Con demasiada frecuencia pensamos que cambiar significa re- todo de nuevo, pero puede lograrse más desde un enfoque nuevo del cambio, en el que cambiar signifique ¡mejorar las personas y las cosas! Cuando pensamos en cambiar un objeto o una persona, muchas veces buscamos qué es lo que podemos eliminar. Pero un nuevo concepto de cambio podría significar añadir algo, o simplemente redefinir.

En cada semestre de los últimos catorce años les he pedido a los alumnos universitarios que toman mi curso de comunicación oral, que hagan una lista de diez verbos que para ellos representen los motivos por los que se aman a sí mismos, y diez aspectos en que les gustaría mejorar. Sin excepción, sus mentes reformulan mi pregunta, convirtiéndola en esta otra: "¿Qué deseas cambiar de tu manera de ser?"

EL CAMBIO NO SIEMPRE IMPLICA QUITAR ALGO

Cuando uno habla de cambiar su forma de ser, inevitablemente termina contemplando la posibilidad de suprimir algo de uno. Así como en la remodelación de una oficina, restaurar a la persona problemática implica, incluso en mayor medida, reconocer en ella qué es lo que se añadirá y lo que debería dejarse tal como está para que pueda recuperar su conexión con los demás, ser amada y admirada. A diferencia del caso de la oficina, no podemos destruir a una persona dejando solo su esqueleto, ni tampoco reubicar su espíritu mientras trabajamos en su ego. Haríamos mejor en comparar el espíritu de la persona problemática al carácter básico de la oficina, que resultaba muy atractivo para dejar que se perdiera, y el ego como las paredes que, en lugar de ser demolidas, necesitaban que se las pintara de nuevo.

Cuando tomamos el hacha del concepto "el problema es la persona" para aplicarla a un individuo problemático, terminamos arrancándole su autoimagen y reduciendo su entusiasmo por la vida. Es poco lo que puede quedar intacto con el efecto demoledor de nuestras palabras de ira y odio, y el resultado será que requiramos de muchos más recursos para reedificar a la persona afectada. A veces la cortamos tan cerca de la raíz, que cuando se la reconstruye, a menudo se la reinventa, y lo que inicialmente amábamos de su persona –lo singular de ella– se pierde junto con la porción de nuestra condición humana que estaba conectada con su espíritu.

Está perfectamente claro por qué aquellos oficinistas optaron por remodelar en lugar de reconstruir. En el lugar, tal como lo conocían, había una parte de ellos, y tuvieron la suficiente inteligencia de reconocerlo. Tal vez sentían que, al derribar la oficina, de alguna manera una parte de ellos mismos se perdería con ella. Si un lugar nos hace sentir cierta conexión, imaginemos cuánto más puede un ser humano hacernos tener esa sensación de pertenencia si permitimos que nuestra relación crezca.

Al restaurar a un individuo problemático, aseguramos que permanezca entero y que continuaremos unidos a él, porque "amar a las personas" requiere que amemos a las personas afectadas por problemas. Si las ayudamos a reconectarse con lo que hay de estimable en su espíritu, las ayudaremos asimismo a redescubrir su propio potencial, y consiguientemente contribuiremos a su restauración, así como a la nuestra.

Capítulo 6

EL PODER CURATIVO DE LAS PALABRAS DE MAMÁ

Los palos y las piedras pueden romperte los huesos, pero las palabras pueden sanarte.

En el mundo en que vivimos hay demasiada gente con el concepto erróneo de que las personas que los rodean son un problema, y que ve los problemas como algo que hay que odiar. Son afortunados los que tienen en su vida alguien que los bendiga con ese poder tranquilizador de las palabras que infunden confianza, palabras que los ayuden en su viaje por la vida. Las frases negativas y acusadoras algunas veces nos hieren, pero las palabras tranquilizantes y llenas de esperanza poseen una doble capacidad, reparadora y restauradora, y es esto último lo que nos consuela.

¿Cuáles son las propiedades curativas de las palabras? Ellas pueden actuar como una medicina que sana la mente y el cuerpo. Es un hecho comprobado que los pacientes que estando en su lecho de enfermos reciben un buen trato de su médico, muestran una respuesta más rápida y estable a los tratamientos. Prodigar un buen trato al paciente significa usar palabras y gestos que lo alivien, y al mismo tiempo lo revistan de nueva fuerza.

Las palabras reconfortantes ayudan a alguien que esté muy enfermo a enfrentar su temor, salir de la duda, aceptar su destino, volver a creer en sus sueños, ver el lado luminoso de las cosas, y recuperar la esperanza. Son palabras fortalecedoras que permiten que el paciente se sienta como un recurso que se valora, una parte del equipo y un ser separado de sus problemas.

Estoy seguro de que usted podrá recordar algunas ocasiones en que de niño, se encontraba acostado en su cama, con la nariz congestionada, tosiendo y con una ligera fiebre. Sin duda se sentía terriblemente mal, quizás hasta asustado, pero las palabras de su madre o de su padre lo calmaron.

Probablemente usted no pueda decir hoy el nombre del jarabe para la tos o el remedio casero que le dieron. Sin embargo, seguramente podrá recordar que le hicieron conocer el poder medicinal de las palabras.

Recuerdo algunas de las palabras que mi madre solía usar cuando nos hablaba, tanto a mí como a mis cinco hermanos, cuando nos sentíamos enfermos, rechazados, derrotados o culpables. Con la crianza de mis propios hijos, a veces me descubro repitiéndoles muchas de aquellas frases, y puedo notar el auténtico efecto curativo que surten al aliviar los síntomas de muchos males tanto emocionales como físicos.

FRASES QUE NOS CONSUELAN CUANDO CAEMOS ENFERMOS

- "¡Mamá está aquí!"
- "Todo va a salir bien."
- "Mamá va a conseguirte algo para quitarte ese odioso resfriado."
- "Mamá no dejará que te ocurra nada."

FRASES QUE NOS LLENAN DE NUEVAS FUERZAS CUANDO NOS SENTIMOS DERROTADOS

- "Recuerda que Dios siempre te amará."
- "No te preocupes. Juntos podemos lograrlo."
- "Tranquilo, dile a mamá lo que pasa."
- "A veces la vida es difícil. Por eso mismo Dios te hizo tan fuerte."
- "Dios no va a darte nada que no puedas enfrentar."
- "Siéntete orgulloso, hiciste lo mejor que pudiste."
- "Lo que importa no es la cantidad de amigos, sino la calidad de los amigos."
- "Quita de tu mente lo que has perdido y da gracias por lo que tienes."

FRASES QUE NOS REDIMEN CUANDO SENTIMOS CULPA

- "Cuando necesites hablar, búscame. Mamá siempre tendrá tiempo para escucharte."
- "Dios siempre está dispuesto a escuchar."
- "Mamá te perdona."
- "Dios ya te ha perdonado."
- "Mamá nunca dejará de creer en ti."
- "Dios sabe que no eres perfecto."
- "Trata de no ser tan severo contigo mismo."

- "Comencemos diciendo que lo lamentas."
- "¿No se te ocurrió pedir perdón?"
- "No puedes vivir en el pasado. Perdónate a ti mismo y sigue adelante."
- "Tienes un alma muy hermosa. No la abrumes con autocompasión."

Ya adultos, tanto mis hermanos como yo todavía dependemos del sonido de la voz de mi madre y de las palabras que usa para aliviarnos cuando nos sentimos perturbados. Ella nunca nos obligó a aceptar su amor. Su apoyo siempre era incondicional, y lo ofrecía a través de una pregunta o mostrándolo como un hecho del que podíamos depender y confiar. Por eso resulta tan fácil acercarse a ella ahora. Sabemos que no seremos juzgados ni criticados por tener problemas o por no ser perfectos.

Algunas veces sus palabras tenían un tono autoritario con el propósito de motivarnos: "Necesitas perdonarte y continuar con tu vida". Pero la mayoría de las veces ella dejaba que nosotros decidiésemos aceptar o ignorar sus palabras de amor, que nos proporcionaban tranquilidad y fuerza a la vez. Fue así como pudimos incorporar mucho de lo que decía en nuestro propio estilo de comunicación. Hemos aprendido que gran parte de lo que ella dice tiene la virtud de producir un fuerte efecto sin que importe la manera en que lo diga. Y mi madre se da cuenta de que cuando tiene un problema, puede contar con sus hijos para devolverle, por medio de las palabras, el mismo tipo de poder curativo que las suyas tenían en abundancia.

¿QUIÉN NECESITA MIS PALABRAS CURATIVAS?

Cuando uno considera que la mayoría de la gente pasa más tiempo con sus compañeros de trabajo que junto a aquellos con quienes convive, se da cuenta de cuán importante es amar a las personas de nuestro entorno laboral. ¿Le sorprendería a usted saber que el poder curativo de las palabras de mamá también puede obrar maravillas en el lugar de trabajo?

No puedo dejar de preguntarme lo que sería el lugar de trabajo si cada jefe usase habitualmente algunas de esas frases, llenas de virtudes curativas, que su madre u otra persona que los cuidaba usaban para aliviarlos y curar sus emociones heridas. Todos nosotros, en algún momento, nos hemos beneficiado del poderoso efecto sanador de ciertas palabras. ¿Cómo entonces las personas que lideran las empresas no han aprendido a incorporar en el lugar de trabajo lo que en su hogar ha funcionado con tanta eficacia? Supongamos, por ejemplo, que a cada uno de los gerentes y empleados de más alto nivel se le ocurriera diez frases poderosamente curativas que alguien haya usado para aliviarles el dolor que sintieron en algún período difícil de sus vidas.

Luego de un fin de semana con sesiones de *brainstorming* (tormenta de ideas), se les diría a los gerentes que volvieran a la mesa de trabajo con sus palabras curativas. Entonces se establecería una tarea concebida para toda la compañía: aportar dos o tres frases que pudieran usarse para crear un lema del "Vivámoslo", es decir, una directriz proactiva que implique "practiquemos lo que predicamos". "Vivámoslo" es un mandato en tiempo presente que significa *ahora*, en este momento. Este lema del "Vivámoslo" proporcionaría a la gerencia y a los empleados las palabras y frases que podrían usar para transmitir el siguiente mensaje: "Yo te valoro independientemente de lo que haces por la compañía". Las palabras y frases de efecto medicinal tienen una naturaleza tal que conducen a la acción inmediata, y siempre inspiran al emisor y al receptor del mensaje a ser leales a los valores que tales palabras y frases representan.

En cierta ocasión asistí a una conferencia de negocios sobre la diferencia que marcaría en el lugar de trabajo un lema del "Vivámoslo". El orador invitado era el presidente de una importante firma de servicios públicos. Su charla trató del éxito con que su equipo de gerentes ejecutivos había efectuado una reducción de

personal y dado nuevos puestos a los empleados que quedaron.
Hablaba con gran orgullo sobre cómo la compañía había ahorrado millones de dólares e incluso había podido usar parte del excedente para mejorar el servicio a los clientes y aumentar los gastos de mercadeo. Estas medidas le habían permitido reportar ganancias récord a la junta directiva y a los accionistas.

Cuando concluyó su presentación, permitió el uso de la palabra para formular preguntas, y yo pregunté qué habían hecho, él y su equipo de ejecutivos, para asistir a los empleados que habían perdido su empleo a raíz de la reducción de personal. Titubeó por algunos segundos, y dijo:

– Esa es una buena pregunta.

Luego hizo una pausa un poco más larga, y preguntó:

– ¿Qué sugerirían que se podría hacer en esta situación?

Yo propuse un programa en el que se utilizase parte del excedente de dinero para contratar una agencia externa, o bien crear una propia dentro de la organización, con el fin de ayudar a encontrar empleo a los empleados desplazados. El programa incluiría: identificar programas de entrenamiento vocacional, preparación de currículos y, en general, asistencia para atenuar el efecto emocional traumático que una persona recibe al ser excluida de una familia numerosa, a la que, en algunos casos, había guardado lealtad durante muchos años.

Aun fui un paso más allá y sugerí que los empleados que habían conservado sus puestos debían también ser leales. Con mucha frecuencia ocurre que después que despiden a un empleado, los que quedan en la empresa lo olvidan. Es como si ya no existiera. Sin embargo, a ese mismo empleado se le había agasajado por el nacimiento de un nuevo hijo, se le habían enviado flores como señal de condolencia cuando algún ser querido falleció, y con él habían asistido a bodas y compartido vacaciones. No es de extrañarse, entonces, que haya tantas personas que mueren después de que son obligadas a jubilarse, o se suicidan cuando son despedidas. Las relaciones que pensaban que eran tan sólidas, resultaron ser superficiales, y se les movió el piso sobre el que estaban parados.

Mientras yo hablaba, todos en la sala permanecieron en silencio. El ejecutivo que presidía el acto estaba como paralizado ante un público de entrenadores de gerentes de primer nivel, pero si vamos a ser francos, respondió con sinceridad:

– Me temo que no había considerado ninguna de esas opciones. Es algo que tendré que conversar inmediatamente con la cúpula directiva. Muchas gracias por sus sugerencias.

La suya fue una respuesta positiva, y daba señales de esperanza de que su compañía se convirtiera en el tipo de lugar en el que se permite que las palabras de efecto medicinal saquen las espinas que dejan las duras realidades del mundo de los negocios. Más tarde me pregunté qué efecto habría tenido un lema del "Vivámoslo" en la vida de aquella compañía.

SIN UNA VISIÓN EL PUEBLO PERECE

¿Qué habría ocurrido si aquel principal directivo de la empresa hubiese utilizado un lema del "Vivámoslo" que dijese: "La lealtad es una forma de responsabilidad que todos reconocemos. Tanto en las buenas como en las malas, estamos juntos". Esta declaración sugiere que si bien una compañía espera lealtad de sus empleados, también reconoce que la lealtad debe ser recíproca, y que al permanecer juntos pueden hacer todo lo que esté a su alcance por cuidar el uno del otro, no solamente mientras estén empleados por la compañía, sino aun después de haber sido desvinculados.

Este lema proclama que las personas son la compañía. La próxima vez que usted tenga la oportunidad, acérquese por la noche al edificio donde trabaja, después que todos se han ido a sus casas. Fíjese y vea si el edificio hace algo cuando los empleados se han ido. ¿Acaso las computadoras se programan solas? ¿Los baños se lavan solos, o las cafeteras eléctricas ponen el café y el filtro en su lugar, todo por sí mismas? Cuando la gente se va a casa, la compañía se va con ellos.

Cuando una persona es despedida como consecuencia de una reducción de personal efectuada por la compañía, a menudo se siente como si la hubieran considerado un problema. Sin embargo, si los ejecutivos usaran lemas de poderoso efecto curativo, enviarían una señal diferente a aquellos a quienes deben dejar desempleados. Podrían reforzar el principio de que el problema nunca radica en la persona. Este fundamento tranquilizador ofrece un sentido de autorrespeto a la persona que deberá ofrecerse en el mercado en busca de un puesto de trabajo en otra organización.

Todos entendemos que la realidad de los negocios impone a veces la necesidad de despidos, pero estos no deberían llevarse a cabo sin considerar a los empleados y el papel que han desempeñado para hacer de la compañía lo que actualmente es.

Me pregunto si cuando los gerentes dicen que aman su compañía, realmente saben lo que están diciendo. ¿Acaso quieren decir que aman lo que su compañía hace? ¿O quieren decir que aprecian a sus empleados? Porque se trata de dos cosas muy diferentes.

Si aceptan la primera definición, entonces tratarán a sus empleados como elementos prescindibles. Pero si, por el contrario, comprenden que la compañía consiste en el grupo humano que en ella trabaja, habrán hecho un descubrimiento grande y provechoso. Son estos los gerentes que encontrarán formas de llenar el lugar de trabajo con palabras de poderosas virtudes curativas.

Mamá nos enseñó a tratarnos con respeto. Si mi madre hubiese sido gerente de empresa, muy probablemente habría utilizado este poderoso lema del "Vivámoslo" de efecto medicinal:

"Una persona no es lo que ella hace. Si la tratamos como invitada, lo que ella haga resultará mucho mejor".

¿No está usted más motivado para trabajar duro para alguien que lo respeta y cree en usted, que para alguien que nunca tiene una palabra agradable para usted? Si lo cree así, entonces "¡Vívalo!"

Capítulo 7

PODER PARA AMARSE A SÍ MISMO Y AMAR A LOS DEMÁS

*La aceptación de sí mismo
es el primer paso para
aprender a aceptar a otros.*

El amor verdadero es incondicional. Nadie es lo suficientemente bueno para merecer el amor de otro ser humano; por lo tanto, el amor no puede ganarse. Todos sentimos el inmenso valor que tiene el hecho de que nos amen a pesar de nuestros defectos. Sin embargo, hay veces en que la única persona que está cerca y puede amarnos durante el momento de la derrota, es uno mismo. Sea bueno consigo mismo, pronto para perdonar y dispuesto a intentarlo otra vez o probar algo diferente. Pero en todo momento evite la destructiva trampa de creer que sus problemas son un reflejo de lo que usted es.

Para disfrutar el mayor propósito que pueda tener nuestra existencia, debemos aprender a amarnos incondicionalmente. Entonces comprenderemos cómo se demuestra amor incondicional hacia los otros.

Si usted ve a alguien que no es capaz de amarse a sí mismo, entonces sea usted el que lo levante con palabras curativas de aliento. ¿Cuándo fue la última vez que una persona le dijo que algo que hizo por ella fue como una dulce fragancia? ¿Ha conocido a alguien a quien podría describir diciendo "era como un soplo de aire fresco"? A medida que aprendamos a ser proveedores de soluciones, al mostrar bondad hacia nuestros semejantes y estar dispuestos a perdonarlos y ayudarlos, gozaremos del bien, de una conciencia limpia y de las bendiciones que se derivan de creer la verdad.

La falta de visión y posibilidades provoca síntomas de desolación en cualquier persona que sufre un problema, pero sus acciones negativas no siempre reflejan el estado de su corazón. Tal persona puede actuar por ignorancia o desesperación, pero en lo más profundo de ella hay un ser humano necesitado de autovalorarse con el fin de sobrevivir.

EL ÉXITO APARECE MIENTRAS AYUDAMOS A OTROS

Zig Ziglar, un inspirador conferencista de temas relacionados con la motivación, ha enseñado a miles de personas que hoy han triunfado, que "puede conseguirse lo que uno quiere en la vida, al ayudar a otros a conseguir lo que ellos quieren". Para verdaderamente ayudar a otros a obtener lo que desean, uno debe demostrar que los acepta como son, para así ganarse su confianza, y entonces dejarán que uno los ayude.

Si el amor no fuera incondicional, el mismo acto del parto impediría a la mayoría de las madres que amaran a sus hijos. Muchas veces oí a mi esposa "rezongar" durante sus embarazos. Uno de nuestros hijos, de hecho, la pateó tan fuerte durante su embarazo que le provocó una fisura en una costilla, y otro hijo le costó veinticuatro horas de trabajo de parto para traerlo al mundo.

Sin embargo, en el momento que el médico ponía al niño en sus brazos, ella lo acariciaba delicadamente mientras le decía: "Ah, mi bebé, todo está bien, mamá está aquí y te ama con todo su corazón".

Pero la realidad de la vida es que el amor es probado con frecuencia. Nosotros, los seres humanos, a menudo somos incapaces de reconocer, manejar o evitar condiciones que dan origen a problemas. Cuando vemos a una persona como un ser que tiene problemas en lugar de verla como un problema, propiciamos la oportunidad de nutrir nuestro amor por los demás. Veo esto como un programa de acondicionamiento que ofrece la vida para desarrollar los músculos de nuestro amor.

Los músculos del amor se hacen más fuertes, más flexibles y se desarrollan mejor cuando los estiramos para pasar por encima de nuestro concepto prejuiciado sobre la persona, a quien calificamos de "problema", y la vemos como parte de la solución en un contexto de amor. Por supuesto que también sucede lo contrario: mientras más insistamos en que una persona es un problema, más se atrofiarán nuestros músculos del amor.

Quisiera que usted piense en el perdón como en un club de salud para la vida. Lo más importante que hay que recordar sobre este club es que nadie necesita que le pregunten si desea ser miembro, porque todos nacen siendo miembros del club del perdón. Pero para mantenerse en forma ¡debe usarse el equipo facilitado por el club! No se puede simplemente tener un distintivo colocado en la solapa que diga "Yo perdono". Uno tiene que flexionar los músculos de su amor y hacer algo para confirmar la reconciliación con la persona que lo ha ofendido. Todos necesitamos ser amados.

EL AMOR ES PODER PARA RESTAURAR A OTROS

Recuerdo versos de la obra de Lorraine Hansberry, A Raisin In the Sun[1]. Ellos ayudan a recalcar esta idea del perdón y del amor incondicional en una familia afroamericana de magros recursos económicos. La familia vive en un pequeño apartamento de dos habitaciones en el sur de Chicago, a principios de los sesenta.

Los personajes son: una viuda de mediana edad llamada Leana Younger (Mamá), su hija adolescente que sueña con convertirse en médica (Beneatha Younger), su hijo casado, Walter Lee Younger (Hermano), su esposa que está encinta (Ruth Younger), y su hijo (Travis Younger).

El eje en torno al cual gira el argumento es la anticipación por parte de la familia del pago de la suma total de la pensión que mamá recibirá de parte de la empresa donde trabajaba su difunto esposo. Papá ha muerto de un infarto mientras trabajaba y su pensión de 10.000 dólares alcanza para comprar una casa en un bonito vecindario y también pagar la educación universitaria de Beneatha. Pero Hermano, en un desventurado intento de demostrar que no es menos que su padre, toma el dinero y lo invierte en una sociedad con dos hombres que, como era de esperarse, desaparecen del mapa.

Beneatha, enfurecida, compara a Hermano con una alimaña desdentada, diciendo que eso no es un hombre. Mamá se lamenta

---

1. De A Raising in the Sun, por Lorraine Hansberry, p. 129. Copyright © 1958 por Robert Nemiroff, como obra inédita. Copyright © 1959, 1966, 1984 por Robert Nemiroff. Reimpreso con permiso de Random House y el patrimonio de Robert Nemiroff. Reservados todos los derechos.

que la muerte ha entrado en su casa y le pregunta a Beneatha si
está llorando la muerte de su hermano, pero ella continúa hiriendo a Mamá al deshonrar a su hermano.

Mamá le pregunta a Beneatha quién le dio a ella el privilegio
de escribir el epitafio de su hermano, y le recuerda que le había
enseñado a amar a su hermano. Beneatha, sorprendida por la pregunta de su madre, responde en ese momento:

BENEATHA: – ¿Amarlo? No queda nada que amar
MAMÁ: – *Siempre* queda algo que amar. Y si tú no ha
          aprendío eso, no ha aprendío na. *(Mirándola)*
          ¿Has llorao por ese muchacho hoy? No me refiero a ti y a la familia, porque hemos perdío el dinero. Me refiero a lo que él tuvo que pasá y cómo terminó. Hija, ¿cuándo cree tú que é el
          momento en que má hay que amar a alguien?
          ¿Cuando hace mucho bien y les arregla la cosa a
          toos? Entonces, no has aprendío, porque no é
          ese el momento. É cuando esa persona etá en su
          peó momento y no puede creé en sí mimo, ¡por
          tanto azote que le ha dao el mundo! Si tú va a
          medí a alguien, mídelo bien, m´hija, mídelo
          bien. Asegúrate que has tomao en cuenta toa las
          colinas y valles que la persona atravesó pa' llegá
          aonde llegó.

Estas últimas palabras de Mamá son profundas. En la obra,
Hermano logra redimirse, sin duda porque su madre lo ha perdonado y le permite seguir como líder de la familia, a pesar de su
error. Entonces se recupera y sigue adelante hasta que hace que
su familia se mude a la casa que deseaban, y hasta inventa una
manera de hacer un fondo mancomunado con el dinero, para
asegurar el financiamiento de los estudios universitarios de su
hermana.

LOS LIMPIOS DE CORAZÓN
SANAN MÁS PRONTO

En el mundo real, restaurar a las personas, así como las relaciones, lleva cierto tiempo. Ya se trate de pedir perdón o de perdonar, ambas partes tienen que tener el corazón limpio. Un corazón puro está libre de enojo, odio, culpa, remordimientos, amargura, despecho, disgusto, reservas, compasión, lástima, amor fingido, astucia y envidia. Sin importar cuán buen actor sea uno, el problema no puede disfrazarse.

De manera similar, cuando los corazones no son sinceros, a veces la relación se pierde. Esto ocurre cuando el que ofrece perdón nunca ha cesado de considerar a la otra persona como un problema. El problema entonces se nutre de la actitud poco sincera de ese corazón, y la semilla de amargura que queda germina en el corazón del que fue ofendido, y hace que su comportamiento y su lenguaje lo traicionen. Así, las antiguas formas negativas de tratar a la víctima del problema salen de nuevo a la superficie, alejan al individuo problemático, quizás lo hunden más en la creencia de que él es, en efecto, un problema.

En cambio, cuando ambas partes tienen un corazón sincero, funcionarán en un ambiente de respeto y colaboración mutuos. Cuando el corazón es puro, es como la tierra cuando se la despeja, se la revuelve y alista para recibir la nueva semilla. De esta base así enriquecida nace una nueva cosecha nutrida por el respeto y la confianza, valores que aseguran que los problemas siguen siendo problemas, pero la persona sigue siendo una persona.

LA PERSONA NO ES NUNCA EL PROBLEMA;
ELLA ESTÁ PARA CUIDARNOS.

Se han citado las siguientes palabras de Albert Einstein: "Por qué razón hemos sido puestos en la Tierra, no estoy seguro, pero lo que sí sé es que estamos aquí los unos para los otros".

Las relaciones con otros seres humanos son vitales, tanto para nuestro crecimiento personal como para nuestra realización como sociedad. Una vez que las personas comprendan que sus semejantes no son un problema, podrán amar a los demás y comunicarse con ellos con más facilidad y sinceridad.

CUANDO UNO PERDONA A ALGUIEN, APARECE EL PODER PARA AMARLO.

Es imposible amar a una persona cuando una la considera un problema, porque de esa manera niega lo que tiene esa persona de estimable, es decir, sus sentimientos. Los sentimientos son esas respuestas emocionales que nos mantienen en contacto con nuestro ser y con el mundo que nos rodea. Los sentimientos nos ayudan a reír, llorar, regocijarnos, experimentar humildad, sentir empatía, aceptar un presente, dar perdón y relacionarnos con otras personas.

Cuando una comunidad es golpeada por una catástrofe, se hace evidente que las personas no son problemas, sino que forman parte de la solución. Recuerdo cuando el terremoto de 1989 devastó la zona de San Francisco Bay. Una autopista se derrumbó durante la hora pico y dejó a los conductores atrapados dentro de sus automóviles. Numerosas personas sin hogar que mendigaban en las calles de abajo, ayudaron a los bomberos, paramédicos y policías en las tareas de rescate. A estos individuos, los residentes de la zona de la bahía los habían considerado como un problema, hasta que la tierra se les movió bajo sus pies y, de repente, el verdadero problema salió a la luz.

Mientras caían pedazos de concreto y acero en todas direcciones, estos ciudadanos, que vivían en la miseria, pasaron a ser parte de la solución. Los pobres, los que no tenían hogar, incluso los drogadictos –que vivían bajo los puentes de autopistas y en las entradas de edificios– fueron las primeras voces que escucharon las víctimas del terremoto.

Los que fueron rescatados y consolados por su voz, seguramente no los consideraron un problema, sino una bendita solución.

Todos hemos nacido con instintos espirituales, y los que quieren ser proveedores de soluciones deberían confiar en esos instintos. Me refiero a esos sentimientos que obligan a una persona a arriesgar su vida por un completo extraño en una situación de emergencia. Estos instintos no están limitados al impulso involuntario de responder a otro ser humano que nos necesita, sino que también abarcan la compasión y la identificación que tenemos con todos los seres vivientes.

Mientras que nuestra inteligencia probablemente nos separe de otras criaturas, nuestros instintos espirituales nos recuerdan la relación tácita que tenemos con todos los seres vivientes. Son estos instintos los que nos ayudan a superar la errónea idea de que las personas son problemas. Cuando se nos eriza la piel, nuestro instinto espiritual nos indica que estamos conectados con otra persona. En una ocasión así, se desencadena algo primario de nosotros, lleno de sabiduría y pureza.

Aunque estos sentimientos de amor son suprimidos por una u otra razón, ellos quedan libres cuando nos permitimos comprometernos en el acto del perdón. En el siguiente capítulo exploraremos cómo el acto de perdonar le da a una persona la posibilidad de amarse a sí misma y a otros en forma incondicional.

Capítulo 8

PODER PARA PERDONAR LAS OFENSAS

*Nadie pasa por esta vida
sin la necesidad
de ser perdonado o la
oportunidad de perdonar.*

L a necesidad del perdón es una realidad que existe entre todas los seres vivientes. El perdón ayuda a que las relaciones florezcan y permite que la Tierra se reabastezca después que las criaturas han desordenado las cosas. Por ejemplo, cuando una manada de elefantes diezma una densa porción de una jungla sin dejar nada –ni raíces, ni cortezas ni troncos– o cuando un rayo golpea un bosque seco y causa un incendio que destruye cientos de hectáreas y de animales, la naturaleza no tarda en perdonar, y con frecuencia devuelve más de lo que fue destruido.

Poco después de completar mi tratamiento para el cáncer recibí una carta por el correo electrónico. Inmediatamente me fijé en el ángulo superior izquierdo para identificar al remitente, y me sentí confundido al ver que la carta había sido enviada por alguien que residía en Brooklyn, llamado Robert Watts. Mi primer pensamiento fue que mis amigos me estuvieran jugando una pequeña broma. Había olvidado que tres años antes había pagado al Ejército de Salvación para que buscase a mi padre biológico, a quien no había visto desde que tenía diez años. Hacía mucho tiempo que había abandonado toda esperanza al respecto.

Abrí la carta y leí las primeras palabras: "Querido hijo". Mi mente por un momento quedó detenida, y no sentía mi cuerpo. Recuerdo que llamé a mi esposa y le pedí que me leyera la carta. En ella, mi padre hablaba sobre su vida en el extranjero, y me decía que había tenido dos hijas en Alemania. Ahora estaba jubilado y vivía en Nueva York. Decía que me había buscado durante años sin poder encontrarme, porque mi madre se había mudado a California a principios de los setenta. Mientras escuchaba la lectura, tuve una sensación de que algo llegaba a su fin. Incluso más tarde aquella noche, cuando lo llamé al número que indicaba en la carta, y luego cuando fui a visitarlo la semana siguiente, no sentí ninguna piel de gallina ni ninguna gran sensación de alegría o euforia. Aunque había hecho un gran progreso en otras áreas de mi vida, aún no había confrontado mis sentimientos hacia mi padre.

Oré e hice una larga y minuciosa búsqueda en mi alma, traté de comprender por qué no sentía ninguna emoción. Una parte de mí quería odiarlo, y otra parte tenía miedo de confiar en él. Sabía que era hora de llamar a mi madre.

Cuando la informé de que había encontrado a mi padre, su primera reacción estuvo en concordancia con su hermoso espíritu perdonador.

– ¡Gracias a Dios! –exclamó.

– Mamá, tengo miedo de ver a mi padre –le respondí.

Ella contestó en el tono más suave que pudo:

– ¿Por qué, mi niño?

– Porque no estoy seguro de lo que él siente realmente por mí: si me amará como un hombre debería amar a su hijo, así como yo amo a mis hijos, con todo mi corazón y mi alma.

Entonces mi madre dijo algo muy profundo, y sus palabras tenían esa maravillosa virtud sanadora que yo había aprendido a amar y respetar.

– Trata de no medir a tu padre comparándolo con lo que ahora eres tú como hombre. No sería justo para él ni para ti. Él nunca será capaz de alcanzar esa medida.

– ¿Por qué no puede –pregunté– y por qué no debería él cumplir sus responsabilidades para conmigo? ¿Por qué no me quiso como yo quise a mis hijos, sobre todo si eso era lo que yo necesitaba de él?

Ella puso en su respuesta su mejor sentimiento de apoyo y dijo, con una voz que se le quebraba de tristeza:

– Porque tú me tenías a mí como madre.

Y eso fue todo lo que dijo. Ella siempre me había cobijado con su amor y nunca permitió que yo diera rienda suelta a sentimientos de odio hacia mi padre. Claro que me dejó desahogarme acerca de lo que yo quería y necesitaba. Poco habría podido hacer para evitarlo con una personalidad fuerte como la mía. Pero después que terminaba con mi rabieta, ella siempre volvía a mí y me recordaba que yo era un niño bendecido porque a Dios le había parecido bien darme a una madre que me amaba y trabajaba duro para proveerme de lo necesario.

Hace poco le pregunté a mi padre acerca de su infancia. Me contó que era el menor de trece hermanos. Se fue de su casa cuando tenía catorce años y a los dieciséis era asistente de cocinero en un barco mercante.

Me dijo que pasaron cuarenta y seis años antes de que se pusiera nuevamente en contacto con su familia, y que en ese período, sus padres y todos sus hermanos, excepto tres, habían fallecido. También me comentó que no había visto a las hijas que tenía en Alemania desde que tenían tres y cinco años de edad.

LA VERDAD SIEMPRE NOS HACE LIBRES

Entonces tuve la certeza que yo no había sido la razón de la falta de compromiso de mi padre hacia mí. Él había abandonado personas toda su vida. También comprendí el valor que había necesitado mi madre para no llenar mi cabeza con ideas negativas sobre mi padre. Quizás ella siempre haya comprendido que él era víctima de algo de lo que no era capaz de hablar; algo que lo hacía incapaz de conectarse con las personas. Tal vez le hayan dicho demasiadas veces que él era un problema.

Han pasado varios años desde que encontré a mi padre. Más o menos una vez por mes nos llamamos y nos ponemos al día sobre la vida de cada uno. Incluso he conocido a una de mis hermanas alemanas, y alguna que otra vez hablo con la otra por teléfono.

Indudablemente, gracias a la influencia de mi madre y a sus palabras sanadoras, hoy puedo amar a mi padre y resistir la tentación de considerarlo un problema.

He hablado con personas que han tenido una experiencia similar con alguno de sus padres, y con mucha frecuencia los he visto expresar su odio y rechazo por su padre o su madre, según el caso. Pero ahora puedo decirles que si continúan odiando, esos pensamientos y sentimientos con el tiempo les pasarán una factura a su salud física y psicológica. Es mucho mejor amar que odiar, y perdonar que aferrarse al enojo.

NO DEBEMOS ODIAR, NI SIQUIERA AL PROBLEMA

Lo opuesto al amor es el odio. El *odio* se define como una aversión intensa hacia algo. La palabra funcional en este caso es *intenso*, que proviene de la palabra latina *"intendere"* que significa poner gran empeño o tender hacia, apuntar a un objetivo. La palabra *"tensión"* también se deriva de la misma raíz.

La tensión se produce cuando se aplica energía sobre un objeto o persona en forma de presión –compresión u opresión– o bien se usa para arrastrar algo o a alguien en dirección opuesta a su naturaleza o deseo.

¿Qué le ocurre a un objeto cuando se le aplica demasiada presión, o una cantidad moderada de esta durante un período de tiempo demasiado largo? El objeto reacciona de una sola forma o con varias combinadas: aumenta su temperatura, se dobla, se comba, agrieta o quiebra. Lo que ocurre con los objetos también es válido para las personas. No me refiero a colocar un objeto físico pesado sobre un cuerpo humano. Aunque sin duda esto provocaría los efectos antes mencionados, es muy raro que alguien permita que lo sometan a semejante opresión.

En el caso de un ser humano, en cambio, se trata de un proceso de creación interna de lenguaje e ideas negativos y dañinos del que este participa voluntariamente, y que le produce estrés tanto en sus emociones como en su cuerpo.

SIEMPRE HAY QUE ESFORZARSE POR ATRAER LO OPUESTO AL ODIO.

Piense en la tensión a la que nos sometemos cuando nos permitimos odiar a alguna persona u objeto. Nuestro cuerpo y mente no han sido diseñados para alojar el odio, y podemos verlo claramente si observamos la forma en que este sentimiento afecta nuestro cuerpo. ¿Ha experimentado usted los siguientes síntomas cuando está enojado?

- Su rostro se enrojece y se llena de sangre caliente.
- El cuello de su camisa parece que se encogiera alrededor de su cuello.
- Sus dientes chocan entre sí hasta que le duele la mandíbula.
- Sus ojos se le salen de las órbitas.
- Su pecho se expande y luego se estrecha.
- Las venas de su cuello se le hacen protuberantes.
- Sus sienes laten con violencia.

Uno experimenta todo esto porque los músculos de su corazón bombean enormes cantidades de sangre a un ritmo al que el resto del cuerpo se esfuerza por adaptarse. Aunque el sistema de arterias y venas funciona con bastante eficiencia para manejar esta hercúlea hazaña cuando sucede en forma ocasional, si se perpetúa en el tiempo, esta presión se torna algo demasiado difícil de manejar para nuestro organismo. Entonces, si el odio y el enojo continúan fluyendo, en algún momento la salud se quebrantará.

EL EGO ES UN OBSTÁCULO PARA EL ÉXITO

Nuestra mente ha creado lo que yo llamo la "Energía-Miedo-Pensamiento". Esto no proviene de nuestro "instinto espiritual", sino de nuestro EGO, lo que Ken Blanchard llama "Dejar a Dios de lado".[*]

La "Energía-Miedo-Pensamiento" se produce cuando sentimos que no somos capaces de hacer algo en relación con un problema. Cuando creemos que no tenemos los medios de manejar una situación, a veces nos tornamos agresivos respecto a ella. O tal vez nos demos cuenta de que hemos comenzado a temer ciertas situaciones y a sentirnos amenazados por otras. El

---

[*] N. del T.: EGO, en el inglés original, son las siglas de "Dejando a Dios de lado" (Edging God Out)

temor que no es resuelto por medio de una investigación cuidadosa y racional, conduce a estados de frustración, desesperación y angustia. Estos estados producen pensamientos –ideas– que nos encaminan a la emisión de la energía necesaria para expresarnos o actuar contra el objeto de nuestro temor.

Como indiqué anteriormente, para que exista un problema deben darse ciertas condiciones apropiadas. La falta de perdón da lugar al odio. Uno de los principales problemas que surgen del sentimiento de odio es el estrés. Cuando el estrés no es manejado adecuadamente, da lugar a la aparición de un sinfín de otros problemas que interfieren con la calidad de vida.

PROBLEMAS DE SALUD FRECUENTEMENTE CAUSADOS POR EL ESTRÉS

Algunos de los problemas físicos y emocionales que se asocian con el estrés, o que este ayuda a intensificar, son:

- Hipertensión o alta presión sanguínea.
- Diversos temblores menores y tics nerviosos.
- Ansiedad.
- Depresión.
- Dolores de cabeza.
- Indigestión.
- Falta temporal de aire.
- Dolores de espalda y cuello.
- Opresión en el pecho.
- Gastritis.
- Trastornos menstruales.
- Vejiga irritable.
- Colon irritable.
- Algunas formas de calvicie.
- Empeoramiento de cuadros de asma.

- Desajuste del ritmo cardíaco.
- Erupciones de eczema y psoriasis.
- Algunas clases de virus.

UNA INVITACIÓN A REFLEXIONAR

Cuando investigaba para elaborar esta lista, recordé unas sabias palabras de una conversación que tuve con un amigo en una ocasión que había contraído una úlcera. Yo creía que lo que le había desencadenado aquella dolencia eran los muchos años de enojo y odio reprimidos, y le dije:

– Ferguson, debes aprender a no odiar, ni siquiera a tus problemas. ¿Acaso no sabes que hasta el más duro de los metales se quiebra cuando se le somete a cierta presión?

Esta simple frase debe de haber dado en el clavo, porque aún hoy, cuando Ferguson nota que estoy manifestando señales de enojo, me dice:

– Rob, ¿no sabes que la presión puede romper una tubería de plomo?

Sus palabras siempre me ayudan a recordar el daño que en definitiva le hago a mi salud física y mental. Quiero animarlo a usted a pensar en algún axioma que pueda utilizar para ayudar a otra persona cuando la vea caer víctima del odio. Al rescatar a un amigo, quizás lo motive a lanzarle una cuerda de auxilio cuando sea usted quien la necesite.

Ahora bien, con relación al ego versus nuestro instinto espiritual, quisiera que considere lo siguiente: cuando tratamos nuestro temor desde la base de nuestro ego, buscamos la respuesta a nuestro problema dentro del espectro limitado de nuestras experiencias pasadas. En cambio, cuando lo tratamos desde el fundamento de nuestros instintos espirituales, nos abrimos para recibir dirección de una fuente mayor, externa a nosotros.

Dicho de otra manera, podemos invocar a Dios pidiéndole el poder de perdonar a otros. Él nos dará paciencia, esa que nos permita perdonar y buscar formas de ayudar a los que reciben nuestro perdón. Nos da el poder para estar quietos, calmados, ser razonables, tener la mente clara, ser perdonadores, humildes, justos, tardos para la ira y amables. Cuando tenemos presente que la sabiduría de Dios está disponible para cualquiera que se la pide (ver Santiago 1:5), nos damos cuenta que el conocimiento para hacer lo correcto está tan cerca como nuestro propio corazón, y que el odio no es más que una energía dañina, iracunda y trágica que tendrá más consecuencias negativas para nuestra vida que cualquier otro problema que podamos atravesar.

Cuando uno perdona a los demás, es perdonado por lo que ha hecho mal. Esto es algo poderoso. El perdón es el poder de comenzar de nuevo e intentarlo otra vez. El perdón es poder para hacer las cosas mejor la próxima vez.

Para disfrutar nuestro potencial en plenitud y ayudar a que otros desarrollen más el suyo, debemos aprender a perdonarnos a nosotros mismos y a nuestros semejantes.

Usted es único; solo existe un ejemplar. Nunca habrá otro individuo como usted en el mundo. Usted tiene un potencial para encontrar su propio camino y dejar una estela de luz para que también otros encuentren el suyo. Pero si odia a la gente, reduce su luz a una pequeña chispa. Y cada vez que odia a alguien, disminuye su capacidad de regenerar ese brillo que su Creador le dio en un principio. Ámese a sí mismo y a sus semejantes por medio del poder del perdón, y deje brillar su luz.

CÓMO
ELEVARSE
EN DIRECCIÓN
AL ÉXITO

Capítulo 9

CONVIERTA SUS DEFECTOS EN VIRTUDES

*Las relaciones saludables
se dan entre personas
cuyo respeto mutuo compensa
sus debilidades.*

Hay algo que debe decirse en cuanto a ese viejo dicho tan conocido: "Antes de poder amar a otra persona, debes aprender a amarte a ti mismo". Como explicamos en el capítulo 7, el amor es algo que uno recibe antes que llegue a hacer algo por ganárselo. El amor nos da la energía para convertir nuestros puntos débiles en fuertes. Ejemplos alentadores de esta realidad los encontramos en las tres tareas más difíciles que un ser humano emprende en su infancia: hablar, caminar y leer. Como éramos amados a pesar de nuestras debilidades, tuvimos la motivación para dar el siguiente paso. El aprender que somos dignos de amor a pesar del fracaso, nos da un sentido de respeto propio, y nos preserva del peligro de que otros nos consideren un problema.

Hay dos maneras prácticas de lograr autoaceptación y mantener una imagen positiva frente a los demás:

1. Necesitamos identificar aquellas cualidades que, en nuestra opinión, nos hacen dignos de ser amados, y
2. Debemos enseñar a los demás cuál es la mejor manera de que nos respeten.

Pueden aplicarse estos mismos pasos para ayudar a alguien a vencer la errónea creencia de que él es un problema. Esta persona necesita tener la seguridad de que es digna de amor, y tal vez precise ayuda para identificar qué es lo que quiere de los demás para afirmar esa seguridad.

A menudo, cuando uno comienza a buscar sus cualidades propias, sus defectos lo hacen desviarse. Aunque esto es una tendencia normal, es importante que enfoquemos nuestra atención en nuestras cualidades dignas de aprecio, y aprendamos a convertir nuestros defectos en virtudes, con el fin de avanzar hacia mejores relaciones con nuestro prójimo.

Si observamos los progresos que se han logrado en el objetivo de facilitarles las cosas a las personas físicamente impedidas, podemos aprender el valor que tienen la autoaceptación y la comunicación de nuestras necesidades a otras personas.

Afortunadamente, en la sociedad actual se están tomando medidas importantes para desarrollar talleres, tanto en la escuela como en ambientes de trabajo, para incluir formas especiales de consideración hacia los individuos con "capacidades diferentes". Claras muestras de ello son la existencia de instalaciones especiales en baños y asientos en algunos cines, así como rampas en las tiendas, bajadas desde la acera hasta la calle, y senales en los estacionamientos con las que se reserva lugar para los discapacitados. Todo ello sugiere que, como sociedad, estamos adquiriendo más conciencia y mayor aceptación de las personas que son diferentes del resto.

Todos los implementos y facilidades que acabo de mencionar no aparecieron debido a un cambio repentino en el corazón de algunos burócratas del gobierno y de los que controlan la industria, sino que surgieron porque aquellos que están disminuidos físicamente tomaron la delantera con actitud innovadora y coraje. Superaron estereotipos negativos y creyeron en sí mismos. ¿Por qué? Porque primero fueron amados, y entonces aprendieron lo que en ellos era digno de amor, y al aceptar así esas cualidades, con el tiempo aprendieron formas de enseñar también a otros cómo respetarlos y amarlos. En otras palabras, cuando dejaron de verse a sí mismos como un problema, fue cuando resolvieron sus verdaderos problemas.

DEJE QUE OTROS LOGREN SUS PROPÓSITOS

Hace veintidós años, cuando asistía al Boston College, un alumno impedido me enseñó una lección valiosa. Yo estaba a punto de entrar a un edificio de la facultad cuando vi a otro alumno en una silla de ruedas que intentaba con dificultad cruzar la puerta. Cada vez que él trataba de empujar la puerta para que se abriera lo suficiente como para salir a la calle, esta se cerraba y lo dejaba atrapado. Le sucedió lo mismo tres veces, de manera que rápidamente subí las escaleras para ayudarlo.

Al llegar adonde él estaba, inmediatamente agarré la parte delantera de su silla de ruedas con una mano mientras con la otra sostenía la puerta abierta. Con un tirón rápido lo liberé y lo saqué hacia la calle. Luego me quedé atrás, de pie, complaciéndome en mi papel de héroe. Al quedarnos ahí, mirándonos mutuamente, él arregló sus libros y se acomodó en la silla. Luego me dijo con cierta aspereza:

– Muchas gracias, pero ¡casi lo lograba! ¡Unos intentos más y habría salido!

Al verme parado allí, un poco atónito por su reacción, él continuó explicando:

– Por favor, sé que tu intención fue buena, pero antes de apresurarte a ayudar a alguien en silla de ruedas, pregúntale si necesita tu ayuda o si puedes asistirlo de alguna forma.

Al principio pensé: *"Qué ingrato de su parte"*; pero más tarde, aquel mismo año, me operaron de la columna debido a una lesión que sufrí mientras jugaba al fútbol, y pasaron tres semanas antes de que pudiera subir un solo tramo de escaleras. El día que el médico me permitió comenzar a hacer ejercicios, me estaba preparando para usar un equipo de la sala de pesas. Me costaba un poco agacharme para recolocar el asiento de la bicicleta fija, cuando uno de mis compañeros del equipo de fútbol se acercó a toda prisa y lo hizo por mí. Inmediatamente supe lo que aquel otro alumno me había querido decir con sus instructivas palabras. Me sentí desvalido, inútil, inepto y, lo más importante, no me sentía como una persona completa. Era como si una parte de mí fuera invisible. En aquel momento sentí que yo era un problema. Tal vez ese alumno de la silla de ruedas, en algún momento de su vida también sintió que era un problema. Pero sin duda, al aprender a encontrar cualidades propias que él podía amar, y educando a los demás sobre cómo quería que le demostraran afecto, recobró su fuerza y apartó de su mente el pensamiento de que él constituía un problema. Así fue cómo enseñó a sus semejantes de qué forma prefería que lo ayudasen.

De aquel momento en adelante aprendí a ver a las personas con impedimentos físicos como personas completas. Esta comprensión no la habría podido alcanzar tan temprano en mi vida, si aquel estudiante no hubiese aprendido el valor de amarse a sí mismo y de enseñar a otros cómo amarlo y respetarlo.

Con toda claridad, en esta situación, al aparecer el maestro, también apareció el alumno.

EL CURSO ES USTED MISMO, PERO ¿ACASO LO ENSEÑA?

Cuando se trata de la propia autovaloración, es esta la materia de un curso que usted mismo debe impartir, porque es su responsabilidad enseñar a aquellos con quienes desea tener una relación duradera. Si no lo hace, la gente no lo amará de la manera que usted quisiera ser amado. *Si usted no está dispuesto a ser el maestro, no espere que aparezca ningún alumno.*

Yo me imagino que el alumno de la silla de ruedas debe de haber estado marcado como por un estigma y encasillado durante años, y se sobrepuso a ello. Seguramente yo no fui la primera ni la última persona a quien tuvo que enseñar una forma diferente de amarlo y respetarlo. Cuando reflexiono sobre aquella situación, me impresiona su fortaleza y fe en la capacidad humana de superar su ingenua ignorancia. Sin duda él fue un ejemplo perfecto de lo que yo he catalogado con el nombre de "Instructor JLVV".

Un instructor JLVV es alguien que percibe cuál es la forma en quiere ser amado y respetado por medio de actos concretos y objetivos. El instructor comunica estos actos a los individuos de quienes espera amor y respeto.

JLVV* son las siglas que corresponden a las cualidades que debe conservar el instructor mientras enseña a los demás las pautas para desarrollar una mejor relación con él (o ella), que son:

JUSTICIA

LEALTAD

VALENTÍA

VERACIDAD.

---

* N. del T.: " FACT Instructor" en el inglés original. La lectura de las siglas muestra la palabra hecho o acto.

Casi todas las personas pueden fortalecer estas cuatro cualidades. Claro que hay otras áreas de nuestra vida que deberemos examinar, pero para construir las relaciones con sus semejantes, yo invito a mis alumnos a que exploren el efecto que tienen la justicia, la lealtad, la valentía y la veracidad en su interacción con otros individuos.

REAFIRME SU JUSTICIA

El instructor JLVV comprende y acepta ciertos hechos acerca de las relaciones humanas. Sabe que todas las personas están expuestas a cometer errores y que, de hecho, necesitan equivocarse con el fin de aprender y crecer. Por lo tanto, el instructor comprende que el alumno debe ser tratado con el más alto grado de justicia durante el proceso instructivo.

Imagínese por un momento que usted es un estudiante universitario, y su instructor reparte un examen difícil el primer día de clases, sin haber pronunciado antes una sola palabra, y luego les dice que dicho examen valdrá cien por cien de la nota definitiva. Sin duda alguna usted odiaría a tal profesor, porque en la mayoría de los casos, no hay forma posible de que alguien sepa las respuestas sobre algo que no le han enseñado.

Tan absurdo como esto pueda sonar, todos somos culpables de ser este tipo de instructores en nuestras relaciones cotidianas. La evidencia está en los clichés que utilizamos para describir la forma en que enseñamos a otros a amarnos y respetarnos.

En esta próxima sección presentaré algunos ejemplos comunes de lo que llamo Clichés Equivocados, que son frases conocidas que nos han dicho en forma de consejos, pero que conducen al alumno a una dirección incorrecta y lo confunden en cuanto a la forma de demostrar su amor y respeto. Después de cada Cliché Equivocado, he proporcionado un detector de realidades, es decir, un mensaje que transmite instrucciones claras que le permiten al alumno identificar con más exactitud lo que nos hace sentirnos amados y respetados.

Cliché equivocado: *"Trata a los demás como tú quisieras que te traten"*

Este es el gran cliché equivocado de todos los tiempos. No hay duda alguna de que la Regla de Oro nos exige que demos a otros el respeto y la dignidad que todos merecemos. Pero eso no significa que la manera en que uno quisiera ser tratado es exactamente la manera en que los demás quieren que los traten. Cuando abordamos una relación con este concepto en mente, damos por sentadas muchas cosas. Podría ser, por ejemplo, que usted no se ofenda si alguien a quien ha invitado a una cena no ofrece traer algo como contribución, mientras que la persona con quien usted actualmente mantiene una relación podría haberse criado con la costumbre opuesta.

Detector de realidades: *"Trata a los demás como ellos dicen que quieren ser tratados"*

Si usted es un alumno de una relación en pleno crecimiento, no tenga temor de preguntar a su instructor qué se espera de usted. Obtenga una comprensión clara, desde el principio, de cuáles son los criterios de su instructor y de cómo puede usted obtener la calificación más alta.

Cliché equivocado: *"Amor significa nunca tener que pedir perdón"*

No puede usted imaginarse la cantidad de gente que se sintió no respetada, o las personas cuyas relaciones se destruyeron porque su pareja creía en este engañoso consejo. Primero, el cliché es ambiguo. ¿Significa que el que ama no es capaz de hacer algo por lo cual deba pedir perdón? Todos sabemos que esto no es posible para los seres humanos del mundo real. ¿O sugiere que, porque uno ama, nunca tendrá que disculparse? Aun en aquellos casos en los que ambas partes saben que el otro está equivocado, las personas niegan la verdad.

LA JUSTICIA ASEGURA
UNA RELACIÓN DURADERA

Lenny Bruce, comediante de micrófono de la generación Beat, dijo una vez: "Aun si tu esposa te llega a atrapar en el acto mismo de adulterio, ¡niégalo!" Cuando uno niega haber tratado a alguien en forma injusta, indica que no valora el derecho de la otra persona a que se le haga justicia y, por consiguiente, insulta su inteligencia. Ninguna relación sana ha sido construida sobre una negación. Es importante recordar que ¡el comediante estaba bromeando! Si usted desea que una relación pase la prueba del tiempo, añádale a la mezcla el ingrediente de la justicia.

Detector de realidades: *"Amor es poder pedir perdón"*

El amor lo inspira a uno a decir que se equivocó, y esto marca el comienzo del proceso sanador. Al pronunciar las palabras "lo siento", demostramos humildad y respeto por los derechos de la persona a la que hemos ofendido y, paradójicamente, le proporcionamos una manera de salir fortalecida, y que de esa manera nos perdone.

Un buen amigo mío me dijo una vez que poco tiempo después de haberse casado, se disculpó con su esposa por un comentario que la ofendió. Más tarde, aquella misma semana, su esposa le contó que había mencionado lo ocurrido a su madre. Esta a su vez le dijo que debía estar muy feliz del buen hombre que tenía por esposo. La mujer estuvo de acuerdo, pero la interrogó acerca del porqué de tal comentario. Su madre respondió:

– Porque en treinta años de matrimonio, tu padre nunca ha pedido perdón por nada. Las parejas pueden superar casi cualquier cosa cuando pueden pedirse disculpas mutuamente.

REAFIRME SU LEALTAD

El instructor JLVV responde por los valores del curso. La mejor manera para que un instructor JLVV desarrolle una relación de confianza con su alumno es aclarar cuáles son las pautas del curso desde el comienzo, y mantenerse fiel a ellas. Aunque se sobreentiende que un alumno ha de acatar dichas pautas, la regularidad con la que el instructor las mantenga servirá como guía al alumno para medir su éxito.

Es importante, asimismo, que el instructor no cambie las pautas del curso con demasiada frecuencia o sin informar al alumno de cualquier modificación que haga. Por ejemplo, supóngase que una de las normas del curso que usted imparte es:

"Si vas a llegar tarde a nuestra cita, por favor llámame".

Cuando el alumno llega con una hora de retraso, no sería justo que usted no le informe que ha desacatado las normas del curso. Al no hacerle saber al alumno que ha pasado por alto una norma de puntualidad establecida para el curso, le estará indicando que los valores han cambiado, y algo aún más importante: que tales valores no se han de tomar en serio.

De igual manera, "si usted dice que hace, haga lo que dice". Es decir, si es usted el que llegará tarde a la cita, también asegúrese de llamar para avisar. No hay manera más rápida de destruir la moral de un alumno que mostrarle que se aparta de los valores que usted mismo estableció. Recuerde que el alumno siempre lo observará. Lo que cuenta no es lo que usted dice, sino lo que hace.

REAFIRME SU VALENTÍA

Nuestro éxito como instructores JLVV dependerá de la capacidad de expresar valentía en dos niveles emocionales que son cruciales:

Primer nivel, vulnerabilidad: uno no puede comunicar ni experimentar una expresión sincera de amor, o su deseo de ser amado y respetado, a menos que tenga el valor suficiente para desvincularse de los sentimientos de temor.

Uno suele titubear antes de decirle a otra persona cuál es la mejor forma de trato que quisiera recibir de ella, y esto por dos razones basadas en el temor por la impresión que causará en ella: 1) que piense que uno es demasiado controlador, o 2) que piense que uno es demasiado egoísta. La vacilación que uno demuestra en dar a conocer a los demás sus necesidades, indica una excesiva preocupación por creer que será objeto de críticas por el hecho de amarse a sí mismo. Para que dos personas construyan una relación saludable, ambas deben estar dispuestas a amarse a sí mismas con confianza, y a celebrar esta realidad con la otra persona.

El amarse a sí mismo sin ningún sentimiento de vergüenza, hace que uno tenga la valentía de dejar que otros vean sus rasgos positivos y dignos de aprecio, y para comunicarles sus necesidades concretas. Una persona que está atrapada en un estado de confusión emocional por su baja autoestima o las dudas sobre sí misma, puede respondernos al principio lanzándonos dardos de envidia. La persona con quien uno trata de construir una relación, podría no sentirse capaz de amarse a sí misma, lo cual posiblemente la incapacite a su vez para amarlo a uno de la manera que uno se lo ha pedido.

Las dudas que la otra persona tiene sobre sí misma podrían impedirle que responda en la forma que sería deseable. Pero el poder amarse a sí mismo le permite a uno evitar que lo hieran las ofensas y las desilusiones. Es por ello que hay que disponer de una gran dosis de valentía. Cuando pedimos que se nos respete nos ponemos en una situación vulnerable, y es probable que la persona no nos dé lo que le pedimos; pero si no le pedimos nada, tenemos muy pocas posibilidades de que nuestra relación mejore.

Lamentablemente, algunas personas consideran que si alguien le da instrucciones claras para llegar a su corazón, es porque es demasiado controlador. Al verlo de esa manera, nunca querrá ganarse ese corazón, sin importar cuán claro se le presente el camino para llegar a él. Para evitar esta dinámica destructiva, es preciso tener el cuidado de no negarle el respeto a la otra persona, aun cuando uno mismo espera, a su vez, ganarse el respeto de ella.

Cuando alguien ignora una explicación clara de lo que el otro quiere de la relación, es porque no está interesado en aprender a amar y respetarlo como este desearía. Son estas las personas que actúan como expertos en relaciones humanas, ignorando las instrucciones y sugiriendo que el otro no sabe cómo impartir su propio curso.

Así como debemos tener la valentía de decir lo que queremos, también deberíamos tener la misma determinación para retirar a un alumno de nuestro curso, sin importarnos cuán atractivo pueda lucir su expediente estudiantil. Esa persona que desde que usted le ha mostrado que se ama a sí mismo ya no disfruta de su compañía, es la misma que tardará en prestar sus oídos para enterarse de que usted fue ascendido, se graduó, le aumentaron el sueldo o tuvo algún triunfo personal. Por el contrario, esta persona preferirá enterarse de las tragedias y tristezas de su vida. Esta clase de estudiantes nunca aprueba el curso, pero usted no debe renunciar al derecho a impartírselo. Recuerde que usted es la única persona que sabe cuál es la mejor forma de que le demuestren amor.

NADIE PUEDE IMPARTIR SU CURSO MEJOR QUE USTED

La triste verdad es que cuando una persona se ama a sí misma y está dispuesta a festejar sus virtudes con otras personas, puede suscitar la envidia de aquellos que están llenos de dudas sobre sí mismos. El que duda probablemente acuse al que ha hallado el amor hacia sí mismo, asegurando que es un egocéntrico. Todo ser humano va en busca de la paz y la armonía de su propio ser, y alguien que siente confianza en sí mismo puede dar lugar a la envidia de otra persona que no puede descubrirla por sí sola. Pero nadie podrá lograr paz ni armonía consigo mismo, hasta que pueda aceptarse cómo Dios lo ha creado, y aprenda a amar la obra que Él ha realizado en su vida.

Los seres humanos debemos aprender a amarnos incondicionalmente, así como nuestros padres nos amaron desde que nacimos. Es este poder del amor hacia uno mismo que el instructor JLVV da y celebra con los demás. Cualquiera que lo tilde de egocéntrico es alguien que desearía tener la confianza que el instructor tiene, pero no ha aprendido a aceptar su propio potencial.

Segundo nivel, paciencia: el instructor JLVV ha aprendido lo que significa la paciencia hacia su alumno que está adquiriendo el arte de relacionarse, y lo más importante es que aprecia los estimulantes resultados de esta tarea pedagógica.

A menudo propicio discusiones sobre relaciones humanas en grupos pequeños, y sugiero el principio de que los participantes le enseñen a otra persona cuál es la forma en que más les gustaría ser tratados. Con mucha frecuencia alguien en el grupo responde: "Si le enseño, entonces se pierde toda la gracia". Lo único que puedo decir es:

"Entonces no te quejes de lo mal que sabe la comida cuando él trate de cocinar tu plato favorito sin conocer el secreto de tu receta".

Hay quien se siente dubitativo acerca de enseñar a otra persona cómo quiere que lo traten, porque cree que la relación se tornará demasiado predecible y dejará muy poco margen para las sorpresas. Pero al no explicar sus necesidades, lo que en realidad está diciendo es: "esta experiencia de comunicar a otra persona cuál es la mejor manera de amarme y respetarme, realmente no me interesa".

Nadie debería temer que se pierda la espontaneidad de una relación por enseñarle a la otra persona el arte de amarla. Por el contrario, el instruir al otro es parte del proceso del amor. La instrucción eficaz se da espontáneamente. Es en este marco de confianza donde tanto instructor como alumno se dan cuenta de que la comprensión se pone de manifiesto, y que seguramente se producirán para ambos emociones que les ericen la piel.

El instructor entonces ha logrado su objetivo, ya que ha conseguido obsequiar al alumno una porción de su ser. El alumno, al permitir a su vez que ese conocimiento sea fecundado, le ofrece un lugar para que crezca y adopte formas nuevas de expresión. Esas formas y estilos de expresión nuevos producen los maravillosos resultados que los instructores JLVV saben amar y apreciar. Un claro ejemplo de esto se da en la crianza de los hijos. Cuando como padres enseñamos a nuestros hijos las muchas formas de demostrarnos amor y respeto, no lo hacemos temiendo que sus expresiones de amor por nosotros nos terminen aburriendo o nos hagan perder el interés. Una vez que los hijos comprenden lo que esperamos de ellos, sus singulares maneras de demostrarnos que nos aman nos sorprenden. Solo nos metemos en problemas cuando los obligamos a usar nuestra forma y estilo, porque lo que vemos en ese caso son sus torpes intentos de imitarnos. Si el alumno tiene que tratar de ingeniárselas para encontrar una manera de suplir las necesidades, esto lo conducirá a la frustración y, al mismo tiempo, dejará una sensación de desánimo en la experiencia del instructor.

SI PRACTICAMOS LA PACIENCIA SE COSECHAN RECOMPENSAS

No se logra una relación exitosa sin paciencia. La paciencia significa que uno a veces debe crear nuevos métodos para educar a su alumno, porque no todos aprenden de la misma manera. Puede tomarle a uno cierto tiempo hasta que comprenda el mejor medio de aprendizaje de un alumno, de modo que hay que preguntarle sin titubeo alguno cuál es su mejor forma de aprender. Algunas personas aprenden con métodos visuales, otros por medios de expresión gestual, y otros asimilan mejor por el oído.

Hay quienes aprenden mejor a través de las expresiones artísticas (escultura, pintura, música y danza); otros por medio de diversos juegos y formas de exploración científica; incluso hay los que aceleran su aprendizaje con ayuda de algún enfoque intelectual –conversaciones profundas, lectura en voz alta o escuchando a expertos–. Sin embargo, para aprender y dominar la información, todo alumno necesita saber que su instructor tendrá paciencia con él siempre y cuando muestre que está dispuesto a perseverar en su intento de aprender.

Después de la justicia, la responsabilidad y la valentía, la siguiente virtud en la que debe fortalecerse un instructor JLVV, es en la veracidad. Exploraremos la importancia de la verdad en el próximo capítulo. El instructor JLVV sabe que la combinación de estas cuatro cualidades produce un poder de cohesión en la amplia variedad de relaciones que tenemos los seres humanos.

Usted fortalecerá los lazos que lo unen a otras personas a medida que establezca directrices justas, se mantenga fiel a los límites que ponga, y tenga el valor de decirles lo que necesita de ellos. Al enseñarles a satisfacer sus necesidades, también les enseñará a hablar por sí mismos de las suyas. Estas verdades los preservarán de desilusiones destructivas y los harán libres para disfrutar el uno del otro.

Capítulo 10

PERFECCIONE SUS VIRTUDES

*La verdad está por encima
de todas las cosas.*

La verdad es una ventaja disponible para cualquier persona. Conocer la verdad sobre sus propias cualidades lo ayudará a avanzar con más rapidez que conocer la realidad de sus debilidades. Los hechos describen eventos que tienen lugar entre las personas, pero la verdad describe los motivos y las intenciones del corazón durante determinada acción. El instructor JLVV inteligente ha aprendido que la relación avanzará más rápidamente si en lugar de conocer los hechos que describen lo que alguien hizo, conoce la verdad sobre sus intenciones.

La verdad tiene el poder de liberarnos de las desilusiones y frustraciones. Cada vez que comience a sentir desaliento, tome tiempo para preguntarse: "¿Cuál es la verdad de esta situación?" Quizá –por ejemplo– usted no fue invitado a participar en alguna actividad. Cuando determine cuál es la verdad, tal vez descubra que aun si hubiese sido invitado, honestamente habría preferido tener ese tiempo libre para otra cosa. Tal vez la verdad era que su exclusión de la lista solo se debió a una omisión. Dios ha prometido que la verdad es un refugio seguro en el que somos libres para disfrutar de su plan para nosotros, que siempre es mejor, cuando aprendemos a confiar en Él.

Una emotiva ilustración de esta realidad es una historia que me contaron acerca de un matrimonio joven, que solía ir de pesca y acampar con amigos. En cierta ocasión los hombres decidieron salir un día antes que sus esposas, las que se encontrarían con ellos para almorzar al segundo día. Al acercarse el día, uno de los hombres decidió que no quería que su esposa hiciera un viaje tan largo para reunirse con el grupo por tan poco tiempo. Ella se sintió herida y no podía comprender este cambio inesperado de planes. Él no le dio más razones, y ella sufrió una desilusión a causa de esta decisión.

La tarde en que ella debía haber estado en el campo, su padre, conductor de un camión cisterna de gasolina, sufrió un peligroso accidente donde su remolque se volcó y se derramaron treinta y dos mil litros de gasolina en la autopista. Al ver las llamas, él corrió para alejarse del camión justo a tiempo para oír detrás de él la mortal explosión. Logró escapar con apenas una leve quemadura en una pierna. En cuestión de minutos, los reporteros de tránsito alertaban a los conductores para que se mantuvieran alejados de la zona, y la joven esposa escuchó las noticias sobre el accidente de su padre.

Sollozando histéricamente, pudo conducir hasta la escena del accidente, y encontró a su padre a salvo, mirando cómo los bomberos combatían las llamas. Le ofreció llevarlo hasta su casa, lo que él le agradeció mucho. Unas horas más tarde ella logró entender cuánto se alegraba de que su esposo hubiese decidido que ella no lo acompañara en el viaje de pesca. Saber que su padre había estado solo al pasar por aquella experiencia traumática, la habría llenado de remordimientos. Esta verdad impidió que ella se sintiera enojada con su esposo.

Uno no puede ser un instructor JLVV sin comprometerse con algunos de los principios que se asocian con la veracidad, porque cualquier enseñanza desarrollada e impartida que no contenga la verdad como ingrediente, terminará en el fracaso tanto para el alumno como para el instructor.

La verdad es exactitud. Como dijimos anteriormente, hay que conocer el camino hacia el propio corazón. Un ejercicio útil para encontrar la verdad y llegar hasta su corazón es, primeramente, hacer una lista de diez verbos que sean los que mejor representen los motivos por los que usted se ama. Los verbos son las palabras más puras del idioma, porque nos acercan más a nuestro ser *real* que cualquier otra clase de palabras.

Algunas de las palabras que usted podría incluir en su lista son:

Abrazar	Ceder	Encadenar
Acelerar	Comprender	Entretener
Actuar	Construir	Escuchar
Anhelar	Conversar	Explorar
Animar	Crear	Financiar
Apreciar	Curar	Fomentar
Aprender	Dar	Generar
Apresurarme	Deleitarse	Gritar
Aspirar	Disculpar	Identificar
Ayudar	Diseñar	Inspirar
Bailar	Encariñarme	Jugar
Cantar	Enseñar	Llorar
Causar	Emprender	Modelar

Moverme	Producir	Servir
Necesitar	Prometer	Soñar
Notar	Perdonar	Tener esperanza
Nutrir	Reír	Trabajar en equipo
Objetar	Relacionarme	Unificar
Obligar	Resolver	Validar
Observar	Salvaguardar	Vegetar
Obtener	Seguir	Viajar
Organizar	Sentir	

¿QUÉ TIPO DE VERBO ES USTED?

No aplique ningún adverbio para modificar o evaluar sus verbos descriptivos. En esta etapa, en la que identificará su amor hacia sí mismo, no necesita que lo distraigan las opiniones y juicios personales en cuanto a la forma como usted ejecuta la acción de los verbos elegidos.

El juicio no dice lo que usted es; dice lo bueno o malo, correcto o equivocado de lo que hace. En cambio, los verbos son herramientas de descripción. Son los que le permiten definir sus verdaderos sentimientos y observaciones acerca de su comportamiento e imagen física. Una vez que haya confeccionado su lista, hágala conocer a su alumno e infórmele de qué forma cada uno de los verbos representa mejor el motivo por el que usted se ama.

A continuación doy un modelo saludable de esta importante conversación que usted tendrá con aquél que está aprendiendo cómo amarlo:

1. **Utilice el verbo con claridad, construya con él una oración que ilustre la razón por la que usted se ama.** Si, por ejemplo, uno de sus verbos es *comprender*, entonces usted podría decir algo así: "Yo me amo porque tengo una gran capacidad de comprender a los demás, y me esfuerzo por

lograrlo". Esto debe indicarle a su alumno que una de las mejores maneras de demostrarle a usted amor y respeto es también comprendiendo y, a la vez, permitiendo que usted retribuya este acto de comprensión.

2. **Describa lo que significa el verbo para usted.** Hable de algunos de los diversos sentimientos que se producen en su interior cuando piensa en su relación con un determinado verbo. Recuerde que no tiene que emitir juicio ni opinión alguna acerca de usted ni del verbo escogido.

3. **Converse sobre cómo se sintió mientras confeccionaba su lista de verbos.** ¿Cómo llevó a cabo este proceso de preparación de la lista? ¿Le resultó difícil, o se le ocurrían fácilmente los verbos descriptivos? Esto indica al alumno con cuánta sinceridad y claridad está usted explicando el motivo por el cual se ama y respeta a sí mismo.

4. **Explique lo que para usted significó poder describirse a sí mismo, es decir, exponer la razón por la que se ama y respeta;** diga cómo se sintió antes y después de elaborar la lista.

No le pida a su alumno que evalúe la lista; simplemente déle instrucciones para que le comente lo que para él significan las palabras en cuestión. Luego pídale que haga su propia lista personal y se la muestre, de manera tal que usted pueda conocer los valores dignos de amor que el alumno encuentra en sí mismo. Dígale lo que usted piensa que significan sus verbos. Cuando sea preciso, si el alumno no tiene una comprensión adecuada del verdadero significado del verbo según su uso correcto, asegúrese de hacerle la corrección necesaria.

LA VERDAD ES EL REFLEJO DE LA REALIDAD

Su veracidad es lo máximo que alguien puede esperar de usted. Y una vez que usted haya compartido la verdad en cuanto a cómo quisiera ser amado y respetado, quedará iluminado por la brillante luz de la "realidad del amor a sí mismo". Esta realidad es una percepción de lo que uno considera digno de amor y respeto en su propia persona, aparte de cualquier interpretación que alguien haya hecho o cualquier lenguaje valorativo que uno utilice para pensar en sí mismo durante este proceso.

Es posible que a usted se le dificulte apropiarse de esta realidad al principio, porque gran parte de lo que percibimos como amor a nosotros mismos se basa en evaluaciones que otros nos han hecho. Muy poco de lo que uno encuentra de estimable en sí mismo proviene de su propia voz desprovista de juicio. Cada vez que una persona habla sobre sus cualidades apreciables, a menudo se expresa con adjetivos calificativos, o bien con adverbios modificadores para explicar lo bien o mal que hizo algo. Ni los adjetivos ni los adverbios describen nuestra esencia interior, que es el ser humano que existe cuando nadie lo observa y cuando hemos dejado de actuar para complacer a otros.

En una ocasión Jesús fue retado con preguntas sobre la ley de Dios, por parte de los líderes religiosos de su tiempo. La respuesta de Jesús confirmó este necesario acto de amor por uno mismo:

Y uno de ellos, intérprete de la ley, preguntó por tentarle, diciendo:
Maestro, ¿cuál es el gran mandamiento en la ley?
Jesús le dijo: Amarás al Señor tu Dios con todo tu corazón,
y con toda tu alma, y con toda tu mente.
Este es el primero y grande mandamiento.
Y el segundo es semejante: Amarás a tu prójimo como a ti mismo.
De estos dos mandamientos depende toda la ley y los profetas.
Mateo 22:35-40, RVR

Amarse a sí mismo no es un acto egoísta. De hecho, es uno de los dos más grandes mandamientos dados por Dios. Debemos amarnos a nosotros mismos antes de poder amar verdaderamente a los demás. Una vez que uno sabe cómo ser bueno consigo mismo, sabe también cómo ser bondadoso con otras personas. Esta realidad del amor hacia uno mismo es vital para el desarrollo de relaciones saludables. Después de años pidiéndoles a estudiantes universitarios que hicieran una lista de verbos autodescriptivos y de haber visto cómo hablaban con sus compañeros de clase de las razones por las cuales se amaban a sí mismos, hice dos profundos descubrimientos:

1. Muchos de ellos no podían identificarse mediante el uso de verbos. No tenían la capacidad de pensar en sí mismos en una forma clara y descriptiva que pudiera exponerse empleando verbos. Estaban, en cambio, mejor capacitados para describir su imagen externa por medio de adjetivos, que para explicar su esencia interior con verbos.

2. A medida que los alumnos podían elaborar sus listas de verbos para autodescribirse, pude ver que ganaban confianza en su sentido de la propia identidad.

Su alumno responderá a sus virtudes dignas de aprecio con el mismo entusiasmo que usted le demuestre a él. Si usted se muestra positivo y emocionado con relación a su lista de verbos, también su alumno tendrá una actitud positiva. Pero si usted no tiene la lista y se muestra dubitativo e inseguro, su alumno tendrá dudas acerca de si usted realmente sabe por qué debería inspirar el respeto de los demás.

Cualquier buen instructor sabe que si uno no está enamorado del curso que imparte y este no le produce entusiasmo, entonces no puede esperar que el alumno se sienta emocionado. Cuando se trata de ganar el respeto de los demás, usted es el maestro, usted es el curso, y usted es la recompensa para la persona que apruebe el examen. Esfuércese siempre por enseñar este curso teniendo en mente el amor hacia usted mismo y hacia su alumno. Sepa que para ser un instructor JLVV exitoso, debe conocer el contenido del curso y ser fiel a él. Sobre todo, recuerde que no hay nadie mejor que usted para enseñar a otros a respetarlo.

Capítulo 11

RECONOZCA A QUIENES LO AYUDAN

Ninguno de nosotros nació con ojos en la nuca.

¿Cuántos podemos cortar nuestro propio cabello con confianza y quedar impresionados por el resultado final? Más aún, ¿quién se ha sentado alguna vez en el sillón del peluquero o del estilista para mirar el aspecto de atrás de su cabeza sin la ayuda de un espejo? Alguien que pueda responder afirmativamente es una persona que nació con ojos en la nuca. Dudo que exista tal persona.

Sin importar lo sofisticados que nos hayamos vuelto los seres humanos como especie, todavía dependemos de otras personas para que nos ayuden con trivialidades sencillas del diario vivir. En lo concerniente al mantenimiento de nuestra imagen, nuestra mayor confianza la depositamos en los demás. Quienquiera que haya sido el que dijo que "la realidad se compone de un noventa por ciento de percepción", realmente sabía de lo que hablaba. ¿Por qué? Porque la gente gasta una gran cantidad de tiempo en tratar de proyectar y mantener su imagen ante los demás. La forma en que una persona se viste, se comporta, camina y habla, es en gran medida definida por la manera en que desea que los demás la vean. Por lo tanto, es muy importante que obtenga alguna respuesta sobre la imagen que proyecta. Es tan importante, que con el transcurso del tiempo la gente ha encontrado muchos métodos para verificar la corrección de su apariencia.

Por ejemplo: antes de que existieran los espejos, la persona comprobaba si la imagen que estaba proyectando era aceptable, mirándose en alguna extensión de agua calma con un fondo opaco, o en un objeto de plata plano, liso y pulido. Entonces se fijaba si su maquillaje estaba bien aplicado, o si su pelo estaba bien arreglado y su barba pareja. Revisaba su ropa y se aseguraba que le quedaba bien, que todos los colores combinaban y que la apariencia general satisfacía el criterio de corrección impuesto por la sociedad.

Proyectar una imagen física correcta es de tanta importancia para algunos, que para lograrlo a veces ponen en riesgo su propia seguridad y la de otras personas. Nada ilustra esta verdad mejor que la costumbre que algunas personas tienen de arreglarse dentro de su automóvil en movimiento. Algunos lo atribuyen a la pura vanidad, pero a mí me parece que tiene más que ver con la presión que ejerce la necesidad de cumplir con estándares sociales que con la mera vanidad. Lo que tememos es que la percepción que otros tengan de nuestra apariencia física pueda considerarse equivalente a nuestra eficiencia, confiabilidad y decencia.

En cierta ocasión conducía detrás de una mujer que cambiaba constantemente de carril para abrirse paso en medio del tránsito automotor de primera hora de la mañana, sin tener en cuenta el peligro que generaba a todo su alrededor. Su determinación me dejó estupefacto: se arreglaba el cabello y se aplicaba delineador, rímel, rubor y lápiz labial. Obviamente, para ella era importante.

Cada cierto tiempo subía la mirada para revisar su aspecto en el espejo retrovisor, y luego bajaba la cabeza para aplicar más maquillaje usando su pequeño espejo de mano. En total, el procedimiento continuó a lo largo de aproximadamente siete u ocho kilómetros. Incluso una vez que terminó, siguió toqueteándose el cabello delante del espejo retrovisor.

Las mujeres no son las únicas transgresoras. Un día me encontré detrás de un hombre que se estaba afeitando y poniéndose la corbata mientras conducía. Esto ocurría en una de las autopistas más congestionadas del norte de California. Aunque usaba una afeitadora eléctrica, la maniobra requería que dirigiera el volante ¡con sus rodillas!

Hay momentos en que una persona no dispone de casi ningún recurso para asegurarse de que su imagen luzca aceptable. Es entonces cuando recurre a la ayuda de otra persona. La sociedad ha convenido en ciertas formas –que ella misma ha creado– de devolvernos el reflejo de nuestra imagen, y se vale de ellas para ayudarnos a adecuarla al modelo deseado. En todo caso, dependemos de un muy necesario servicio que los demás nos prestan, porque nadie tiene un par de ojos adicionales, sin los cuales es probable que no proyectemos la imagen deseada.

EL SONIDO DE NUESTRA PROPIA VOZ DE JUICIO

Es tanto lo que dependemos de otros para que nos ayuden en este sentido, que cuando descubrimos que no lo han hecho debidamente, reaccionamos con un despliegue de emociones variadas.

Es como si una parte de nosotros sintiera una terrible vergüenza y, al mismo tiempo, otra parte se sintiera desilusionada de la persona que podría habernos ayudado y no lo hizo.

¿Alguna vez cenó usted con extraños y se enteró luego de que accidentalmente le había caído comida en la nariz? Si es así, sabrá adónde quiero llegar. Supongamos que hace un rato que han terminado de cenar y usted ha estado enfrascado en una intensa conversación con sus compañeros de mesa, durante los últimos diez o quince minutos. De repente recibe el llamado de la naturaleza y se excusa para ausentarse. En el baño, se echa un vistazo en el espejo y nota que en su nariz quedó un poco de crema batida que se salpicó a la hora del postre, mientras disfrutaba de la torta de chocolate y crema.

¿Cuál sería su reacción? La mayoría de las personas responderían de esta manera: "¿Cómo me pudieron dejar allí sentado todo ese tiempo con crema batida en la nariz?"

Esta pregunta implica que en una situación como esta tenemos una expectativa con respecto a los demás, que en el ejemplo que hemos usado, no fue satisfecha por los comensales. Y, sin embargo, ¿qué grado de comunicación hemos mantenido con ellos como para suponer que recibiremos bien un comentario en un nivel tan importante y sensible? ¡Probablemente ninguno! Recordemos que aquí tratamos con extraños.

No todos están dispuestos a que se les diga frente a otras personas que tienen un defecto visible en su imagen, como por ejemplo un poco de crema batida en la nariz. Algunos preferirían que se lo informaran en privado. Por lo tanto, la mayoría de las personas lo tratarán a uno como ellas quisieran que se las tratase en una situación semejante. Algunos intentarán insinuarle a uno de alguna manera que hay algo fuera de lugar, haciendo una seña o tocándose delicadamente la parte de su cuerpo o de su ropa a la que se quieren referir, con la esperanza de que uno se dé cuenta del elemento indeseable sin necesidad de que se lo digan.

Hay otras almas más valientes, que susurrarán en el oído o garabatearán una nota sobre una servilleta. Y aun hay aquellos que se sentirían perfectamente cómodos limpiándole la nariz a uno. No obstante, la mayoría se inclinaría por la opción más segura y dejaría que uno se dé cuenta por sí solo, lo que tal vez le haga sentir que han violado alguna orden superior pero, por el contrario, probablemente ellos le estén diciendo: "No tiene ninguna importancia que tengas crema batida en la nariz, así que aunque la tengas, para mí eres aceptable".

Cada una de estas personas tiene la mejor de las intenciones con usted y, sin duda, habrán tenido el mismo problema en alguna oportunidad. Lo importante es no volver a la mesa sintiéndose como si ellos hubiesen traicionado su confianza, o pensando que usted hizo algo que arroja dudas sobre su buena presencia. Lo único que logrará con ello es que en su mente se genere un diálogo que interferirá con su apertura hacia la gente y sus interesantes historias.

Este diálogo interno provoca un tipo de ruido psicológico que perturba su capacidad de oír y retener la información que sus compañeros de mesa le dan. Tal información podría estar relacionada con ganar una comisión por una venta, o tal vez una excelente sugerencia sobre algunas acciones del mercado de valores. Podría tratarse del anuncio de un importante violonchelista que viene a la ciudad, o de un descubrimiento científico que podría salvar su vida o la de alguien que usted ama.

Cuando usted se vuelve obsesivo con su propia "voz de juicio", el ruido puede tornarse tan fuerte y absorbente que lo obligue a dejar de oír a los demás. Sin duda, usted seguirá oyendo el sonido de la conversación que tiene lugar en la mesa, pero probablemente dejará de escuchar lo que dicen. Hay una clara diferencia entre las dos cosas: oír es una respuesta involuntaria a los sonidos que se producen fuera de nuestro cuerpo, en algún lugar del ambiente. Deje caer un libro al suelo, y usted oirá el sonido de la caída a menos que tenga un impedimento auditivo. El oír es un reflejo involuntario.

Por el contrario, escuchar requiere de un propósito, que tiene por único objetivo entender lo que uno oye. El sonido del libro que golpea el suelo no es algo que se escucha con intención; por lo tanto, no se le atribuye un significado especial. Cuando hay una "voz de juicio" que hace que usted pierda la sintonía con la conversación de los que están presentes a la mesa, lo que ellos dicen se convierte en algo muy similar al sonido del libro cuando golpea el piso. Aunque usted puede oírlo, no lo escucha con especial intención y, por lo tanto, no obtiene el provecho que pueda brindarle el contenido de la conversación.

LO SIENTO, MI IMAGEN ME TRAICIONÓ

Para manejar nuestra presentación personal en público, no hay recurso del cual dependamos más que los ojos de aquellas personas que significan mucho para nosotros. Cuando un extraño no nos informa de la presencia de alguna partícula de suciedad en nuestro rostro o pimienta en nuestros dientes, nos sentimos desilusionados, pero lo cierto es que rara vez le hacemos notar nuestra perplejidad. Ocurre lo contrario cuando el que no nos ha dicho que nuestra imagen está un tanto deslucida, es alguien que realmente significa algo para nosotros. En ese caso, no solo le comunicamos que estamos desilusionados porque no nos informó que había algo fuera de lugar, sino que muchas veces apelamos al poco saludable recurso de culparlo por nuestros sentimientos de "yo disminuido" que cargamos a cuestas.

Hay una situación crucial en la que uno procura mostrar lo mejor de sí mismo, y es la entrevista para un empleo. Uno puede estar tan preocupado en su doble función de receptor y emisor de mensajes que, si se da cuenta de que no mostró en su presentación la apariencia que pretendía mostrar, toda su disposición emocional puede alterarse.

Hace unos años me encontré en esa circunstancia. Tenía treinta y un años, mi esposa veintidós, y hacía más o menos tres años que nos habíamos casado. Teníamos un hijo de dos años. También teníamos una casa nueva y nuestra primera hipoteca por pagar. Acababa de dejar un puesto como subgerente de distribuciones en una compañía de San Francisco; era un empleo que ya no podía tolerar más, así que con el consentimiento de mi esposa, abandoné aquel empleo.

A pesar de que tenía una licenciatura en comunicación del Boston College y me faltaba poco para terminar mi tesis de grado en la San Francisco State University, me costó encontrar trabajo. Dondequiera que iba me decían que sobrepasaba los requisitos del puesto, o bien que no alcanzaba a cubrirlos. Hacía seis meses que estaba desempleado y se habían agotado nuestros ahorros. Me vi obligado a pedir dinero prestado a algunos familiares para lograr el sustento. Estaba desesperado por encontrar un empleo.

Finalmente alguien que había leído mi currículo me llamó por teléfono, y acordamos que yo fuera a su oficina a la mañana siguiente para una entrevista formal. Llegado el día, me levanté bien temprano, me afeité, me puse mi mejor atuendo y me aseguré que mis zapatos brillaran bien. Me miré en el espejo para verificar que cada cabello estuviese en su sitio –bueno, al menos los que todavía me quedaban–. Por lo que veía, todo parecía estar en orden. Entonces me dirigí a la cocina donde mi esposa preparaba el desayuno para ella y nuestro hijo. Desde una cierta distancia, y mostrando cierta prisa en el tono de la voz, le dije:

– Mi amor, dame el visto bueno –e hice una pirueta.

Ella miró por encima del hombro y me dijo:

– A mí me parece que te ves bien.

Sin más, le di un beso a ella y a mi hijo y salí a toda prisa. Sentía que lucía bien y que sería un grandioso día que me depararía una recompensa, no solo por tener la mejor apariencia –lo cual creía motivo suficiente– sino también por poner lo mejor de mi parte.

Encaré la cita con una sensación de confianza, y me sorprendió que cada pregunta que me hacían yo ya la había anticipado.

Sentí que respondía a todas con creatividad y concisamente. Mi confianza aumentaba a medida que avanzaba la entrevista.

Pronto sentí que mi poder crecía vertiginosamente, sobre todo cuando el que me entrevistaba comenzó a señalar aspectos en los que se identificaba conmigo; por ejemplo, que la escuela a la que él había asistido era la rival acérrima de la mía. Mencionó asimismo un marcado interés por lo referente al oficio de hablar en público, de manera que pude hacerle conocer algunos de los conceptos de vanguardia que había aprendido en mi posgrado.

Finalmente, se identificó como fanático del fútbol profesional y de los Santos de Nueva Orleáns, justo el equipo en el que yo había jugado en los setenta. El viento parecía soplar en mi favor. Entonces sugirió que lo acompañara a conocer algunos de los otros gerentes y supervisores a los que yo me reportaría. Todos parecían gente agradable y me recibieron bien. Yo seguía pensando que ese era mi día. Al aproximarse el fin de la entrevista, me sentí confiado acerca de las posibilidades que tenía de obtener el empleo. La conversación terminó y salí a la brillante luz del sol de la tarde. De verdad sentía que era un día perfecto.

Y entonces ocurrió algo inconcebible. Mientras caminaba por la calle California, pude darle un vistazo a mi reflejo en la vidriera de una tienda, y lo que vi no me gustó. Cuando me acerqué más a la vidriera para ver mejor, descubrí que la parte posterior de mi saco y pantalones estaba cubierta de pelusas.

Había usado un cepillo para retirar pelusa de la ropa para acondicionar mi traje por la parte de adelante, pero con la excitación no había hecho lo mismo con la parte de atrás. Cuando caí en cuenta de lo que había descubierto, sentí que la confianza en mí mismo desaparecía como una gota de agua en el mar. En mi pecho y rostro sentí la fría rigidez del pánico, y por algunos instantes me quedé clavado allí, frente a la figura reflejada en la vidriera. En cuestión de segundos mi voz de juicio cantó la canción del perdedor. Lo que antes había interpretado como una identificación del gerente conmigo, ahora parecía no ser más que la cordialidad general que se les muestra a todos los candidatos. Mi razonamiento fue que aquellos gerentes que hacía solo minutos parecían tan interesados, ahora probablemente estarían convencidos de que yo no poseía el detallismo que se necesitaba para aquel empleo.

EL EGOCENTRISMO AGRAVA EL FRACASO

El viaje de regreso a casa duró una hora, y en el trayecto me sentía abrumado por un sentimiento creciente de fracaso y rechazo. Para el momento en que entré en la casa, me sentía como una salchicha a punto de quemarse dentro de un horno microondas. Las venas me brotaban del cuello y los ojos se me llenaron de lágrimas y angustia cuando mi esposa me saludó con sus ojos muy abiertos:

– ¿Cómo salió todo? ¿Cómo crees que te fue?

Tratando de estar lo más calmado posible, repliqué:

– ¿Por qué me dejaste salir con toda la ropa llena de pelusa por detrás? Si para algo tan simple como eso no puedo contar contigo, entonces el problema es serio. No hay posibilidad ninguna de me contraten como portero de ese hotel cuando ni siquiera sé arreglarme debidamente.

Su respuesta me dejó atónito:

– La pelusa de tu ropa a duras penas alcanzo a verla, y los del hotel probablemente tampoco la hayan visto.

Cuando dijo estas palabras, sentí que recuperaba una pequeña porción de mi compostura.

No hacía dos horas aún que había llegado a casa. Todavía me encontraba reflexionando, silencioso y distante, cuando sonó el teléfono. Para mi gran sorpresa, era el gerente del Stanford Court llamando para ofrecerme el empleo de portero y sugerirme que comenzara a trabajar ese fin de semana. Paradójicamente, los aspectos que –según dijo– más se apreciaban en el candidato para el puesto de portero eran su buena presencia, pulcritud, arreglo personal y estilo, y que ellos estaban convencidos que yo había demostrado tener todas estas cualidades en la mayor medida.

Cuando colgué el teléfono me disculpé con mi esposa y le comuniqué que había sido aceptado para el empleo. También me disculpé conmigo mismo y con Dios, porque en aquel lapso de tres horas había abandonado la fe en mí mismo y en el más precioso de mis recursos: el invariable apoyo y gracia de mi Señor y Salvador Jesucristo. Había dejado de confiar en que Él me resolvería las cosas, y aun así, había sido bendecido a pesar de mis dudas.

Como fui adoctrinado durante la mayor parte de mi vida en una comunidad pobre, vivía con la necesidad de aparentar prosperidad. La imagen lo era todo. Por lo tanto, cuando mi apariencia personal se deterioraba de alguna forma, no podía menos que creer que había algo malo en mi personalidad, en mis habilidades y, hasta cierto punto, en mi mismo destino. *¿Cómo podía alguien con vestimenta andrajosa, una casa sucia o muebles de segunda mano tener un destino que valiera la pena o aspirar a cosas importantes?* Esa era mi forma de razonar.

Sentirnos bien acerca de nuestra apariencia es saludable para conservar una autoestima sólida. Uno se siente naturalmente mejor si satisface sus propias expectativas y cumple con las normas que han establecido algunas personas de nuestra vida. Es tonto creer que alguna vez existirá una cultura o civilización que no tenga algún estándar general de aceptabilidad con el que procuremos cumplir.

Lo que debemos lograr es la aceptación de aquellos cuya imagen no se amolda a la nuestra. Si la apariencia de alguien difiere de la nuestra, ello no significa que tal persona constituya un problema. Por cada persona cuya imagen se aleja de lo que es norma convencional, hay muchísimas otras ansiosas por cumplir tal convención. Los dos casos son válidos.

Sin embargo, debemos desarrollar una mayor tolerancia hacia aquellos que desean expresar su individualidad. Deberíamos buscar profundamente en nuestro interior esa reserva de paciencia que no hemos usado, y procurar que todo ser humano se sienta bienvenido. Con presionar a los inconformistas solo se logra que aquellos que sí se atienen a las normas, se vuelvan más obsesivos por mantener y mejorar su imagen, para que se ajuste aún más a los patrones que ya han acatado. Creo que los que se resisten a las normas convencionales no lo hacen por rebeldía, sino más bien por causa de la frustración y angustia que les produce sentirse incapaces de adaptarse a lo generalmente aceptado.

Siempre habrá alguno que escuche otra música, baile otro ritmo y se ría del mismo chiste pero por diferente razón. Siempre habrá los que se peinen de una manera distinta y usen en su vestimenta combinaciones que difieren de lo aceptado comúnmente.

No importa cuántas diferencias existan entre nosotros, ni en qué aspectos seamos distintos. Siempre debemos recordar que cada uno está para cuidar al otro. Y como nadie tiene ojos en la nuca, todos somos vulnerables. Por lo tanto, la sabiduría consiste en ser amable con los demás, sin que importe la imagen física que proyecten. Porque nunca se sabe, podría ser esa misma persona en la que confiemos en última instancia para que nos ayude a preservar la imagen que tanto estimamos.

SALVADO POR EL PORTERO

Mientras realizaba mis estudios de posgrado en San Francisco State, trabajaba como portero en el Stanford Court, un hotel de cinco estrellas en la famosa Colina Aristocrática de San Francisco. Desde mi puesto podía observar cuán importante es para la gente que los demás estén dispuestos a ayudarlos a mantener una imagen aceptable.

Yo el portero, en la mayoría de los casos, la primera persona que un huésped ve al llegar, el hotel dependía de mí para proporcionar el mejor servicio posible. Aunque muchos huéspedes se tomaban unos minutos para elogiar mi trabajo, otros parecían encontrar en mí el blanco perfecto para su enojo o su frustración. No podría contar la cantidad de veces que les di la bienvenida a huéspedes que me trataban, no como a un portero sino como a una alfombra.

En cierta ocasión un ejecutivo de alto nivel llegó al hotel en un automóvil conducido por su chofer privado. Le abrí la puerta del vehículo y lo saludé con una sonrisa:

– ¡Buenas tardes, señor! Bienvenido al hotel Stanford Court. Espero que esté usted bien. Les pondré los distintivos a su equipaje y haré que se lo lleven a su habitación. Permítame identificar sus maletas, y enseguida le daré los talones correspondientes.

Antes de que me pudiese mover para contar las piezas del equipaje, el hombre arremetió con agresividad:

– ¡No necesito ningún talón! ¡Usted solamente encárguese de que mi equipaje llegue a la habitación!

– Señor –le respondí– con todo gusto me haré cargo de que reciba su equipaje en su habitación. Si alguien de la recepción pregunta sobre los talones de sus distintivos, por favor dígale que el portero se los dará al botones. Gracias y que disfrute de su estadía con nosotros.

Mientras se alejaba, yo me preguntaba cuál sería esa cosa tan horrible que tanto le había molestado. Al mismo tiempo, sentía que me subía la presión sanguínea. Por primera vez sentí ganas de decirle a un huésped cuatro verdades bien dichas, pero para entonces, hace ya tanto tiempo, yo ya había aprendido que ninguna persona era un problema. Además, mi madre siempre me había enseñado a responder con amabilidad a una persona enojada.

Más tarde, aquella misma noche, un botones me avisó que el Sr. Ejecutivo bajaría en algunos minutos y necesitaba un taxi, ya que había surgido una reunión en forma imprevista y él ya había despedido a su chofer hasta el día siguiente.

Cuando llegó a la puerta principal, yo ya había llamado un taxi que lo esperaba. Al dirigirse al automóvil para entrar, noté que el cuello de su saco, así como su camisa, estaban muy desarreglados. Al llegar aquella mañana, el hombre estaba impecablemente vestido, con todo tan combinado y ordenado como si acabara de salir de una página de la revista GQ. Poniendo a un lado cualquier mal sentimiento que pudiese tener hacia el ejecutivo, dejé que mi instinto prevaleciera y le dije:

– Que tenga una buena reunión, señor. Un segundo, por favor; déjeme que lo ayude con el cuello de su saco.

En un instante lo ayudé a arreglar lo que era necesario. Por una fracción de segundo el hombre se quedó allí, sin decir nada. Luego dijo:

– Gracias. Se lo agradezco mucho.

Y subió al taxi.

Yo estaba terminando mi turno cuando el huésped volvió de su reunión.

– Disculpe, ¿podría hablar con usted un momento? –me preguntó el ejecutivo, acercándose a mí.

– Señor, estaba por irme a casa, pero podría robarle a mi familia un par de minutos. De verdad quisiera llegar a casa a tiempo para pasar un rato con mis hijos antes de que se vayan a dormir.

– Solo me tomará un minuto –interpuso–. De veras aprecio lo que hizo usted por mí esta noche.

– ¿A qué se refiere, señor? –pregunté.

– Cuando me dio una mano con mi traje. Sinceramente me pareció algo especial –contestó. Con un tono de voz y una expresión en el rostro que reflejaban sinceridad, estrechó mi mano.

– Iba a una reunión muy importante, con gente que no conocía. Para mí era fundamental dar una buena primera impresión. En los veinte años que llevo metido en los negocios, he podido ver que la gente muy a menudo basa sus decisiones en las cosas más triviales.

Antes que se retirara del hotel, el Sr. Ejecutivo de dejó una propina de cincuenta dólares y una nota de agradecimiento muy linda, que he conservado para recordar que ninguna persona es un problema.

Capítulo 12

ALÉGRESE CUANDO OTROS TRIUNFAN

Algunas veces hay que sacrificar lo que nos gusta por aquellos que amamos.

No hay mayor éxito en la vida que haber ayudado a otros a disfrutar la plenitud de lo que la vida tiene para ofrecerles. A esto yo lo llamo el Gran Plan de Inversión de Dios. Cuando invertimos nuestro tiempo y amor en los demás, tenemos garantizado el beneficio de que nuestras mismas necesidades sean satisfechas. En el libro de Gálatas 6:2, 7 (RVR) dice: *"Sobrellevad los unos las cargas de los otros, y cumplid así la ley de Cristo (…) No os engañéis; Dios no*

puede ser burlado: pues todo lo que el hombre sembrare, eso también segará". Si tratamos a nuestros semejantes con respeto, cosecharemos respeto. Si actuamos con amor con otras personas, seremos amados.

El joven vendedor domiciliario al que nos referimos en el primer capítulo, le dijo a mi amiga que sus pares lo presionaban para que se rebelara contra la educación formal. Había niños que se aprovechaban de otros, a los que llamaban los "blandos". Si un niño hacía su tarea escolar y obtenía una buena nota, se le acusaba de tratar de hacer parecer tontos a los demás niños. Cualquiera que impresionara al maestro era hostigado y aterrorizado por los niños, quienes consideraban que el cumplir las reglas era una debilidad.

Él decía que le fue difícil seguir sus estudios a causa de la presión de sus compañeros, y que antes de cumplir los dieciséis años ya había tenido problemas con las autoridades en varias ocasiones. Los propietarios de la compañía distribuidora de revistas lo habían encontrado ocioso por las calles y le habían dicho: "Te queremos enseñar a ganarte la vida trabajando y a descubrir tu potencial". Lo entrenaron, oraron con él, y gustosamente le mostraron cómo podía tener éxito por sí mismo. La función de aquella compañía no era vender revistas; era más bien la de ayudar, tanto a sus empleados como a sus clientes, a encontrar una vida mejor.

LA COMPRENSIÓN ABONA EL TERRENO PARA QUE EL CORAZÓN APRENDA

No siempre es fácil ayudar a otra persona para que triunfe. Enseñar a alguno de corazón duro parece imposible, sobre todo cuando hace oídos sordos, su alma se enfría y su pensamiento se vuelve irracional. Si la persona a la que uno trata de ayudar o enseñar tiene el corazón endurecido, probablemente uno tenga que ablandar su exterior con la comprensión antes de que esté dispuesta a aprender.

En mi oficio de orador público a menudo doy charlas a alumnos de escuelas de barrios marginales. Muchas veces he notado que con algunos alumnos, al profesor le toma unos quince minutos más de lo normal para que presten atención. Aunque la mayoría de ellos están preparados para escuchar, hay unos pocos que ignoran mi presencia, así como el pedido de su profesor de que presten atención. Con la mirada baja y el torso rígido, apartan de mí su cuerpo y su atención.

La mayor parte de las veces rescato al profesor diciendo:
– Está bien, déjelos que se sienten donde quieran. Tengo una voz fuerte y estoy seguro de que desde ahí podrán oírme.

Hago esta concesión porque creo entender por qué estos chicos se comportan así: tienen el corazón endurecido.

Casi siempre el corazón endurecido tiene su origen en una carencia de confianza. Tal vez esta deficiencia se deba a que la persona ha recibido una clase de trato que la ha hecho sentirse defraudada una y otra vez. O quizás se derive del temor persistente de que, a fin de cuentas, sus esfuerzos siempre serán en vano. Probablemente el alumno sienta temor de emocionarse mucho, creyendo que enseguida vendrá detrás la desilusión. También podría darse el caso de que alguien tenga miedo de sus propios sentimientos o que esté empeñado en mantener algún grado de control sobre su ambiente.

Para la mente de alguien que vive en un mundo donde reinan el caos y las traiciones, es difícil creer que poner atención a un profesor u orador pueda reportarle algún beneficio. Para que exista confianza se requiere que la persona abra su corazón y que se quite la máscara para mostrar al verdadero ser humano que hay dentro. A alguien sensible esta vulnerabilidad puede asustarlo, sobre todo si en el pasado ha sido castigado por quedar emocionalmente expuesto de esa forma.

Comprendo el temor con que viven estos alumnos y, por lo tanto, estoy preparado para encontrarme con ellos en la situación emocional en la que están. De hecho, creo que hay una mejor posibilidad de alcanzarlos con la semilla de la verdad si se les permite que mantengan el control que parecen estimar como un tesoro. Para este tipo de alumnos puede ser que esta oportunidad en que sienten que controlan la situación, sea el único momento en todo el día en que se creen dueños de algún poder.

Es totalmente razonable que cualquier persona quiera protegerse de la posibilidad de salir lastimada. No obstante, el acto mismo de protegerse con frecuencia provoca una herida que endurece de tal manera el corazón, que luego no puede recibir semillas de conocimiento o amor. Es esa la naturaleza del dilema. Porque si bien debemos abrirnos para recibir, nos abrimos a un mundo que ya nos ha causado dolor y desilusión.

EL CORAZÓN ES COMO LA TIERRA

A través de mis propias pruebas personales he descubierto cuánto ayuda el saber que no estoy solo en mi dolor. Cada persona que veo también ha experimentado el dolor y la desilusión, de alguna manera. Hasta cierto punto todos tenemos miedo y dudas, y estamos a la expectativa de alguna situación que pueda hacernos daño. Pero también debemos aprender a no cerrarnos al mundo, porque cuando lo hacemos, nos privamos de las muchas personas y acontecimientos amorosos y alegres que hacen de la vida un regalo que vale la pena aceptar.

Cada vez que puedo dar mi mensaje a los alumnos, les cuento lo que Jesús relató acerca del sembrador que esparció la semilla por el camino. La parábola dice que una parte de la semilla cayó en lugares duros y pedregosos, y no sobrevivió cuando calentó el sol. Y de la semilla que cayó en un lugar espinoso y lleno de malezas que después de cierto tiempo la ahogaron. Pero aquella parte de la semilla que cayó en buena tierra –blanda y fértil– produjo una abundante cosecha: hasta cien veces lo que se había sembrado.

Luego los desafío con estas palabras:

– "Imaginen que su corazón es la tierra, y el mensaje que yo he venido a transmitirles es la semilla que será sembrada en ustedes para convertirse en alimento: un alimento del que pueden vivir, que dará el sustento a su familia o que pueden almacenar para cuando el hambre toque a la puerta.

»Supongan que las semillas que yo les entrego se convertirán en un árbol, y que cuando ustedes coman el fruto de ese árbol tendrán la fortaleza que necesitan para aceptar retos sin temor a fracasar, y establecer relaciones humanas sin muros de crítica entre ustedes y la otra persona. Supongan que ese fruto los fortalecerá y capacitará para soportar los falsos juicios de los que los atacan por ignorancia e inseguridad. Imaginen que este fruto permitirá que cada uno de ustedes se ame y celebre su propia existencia, que proclame que su lugar en el mundo es único y tiene un propósito».

Luego les digo que la semilla que he venido a plantar es la semilla de la esperanza. Y entonces les cuento que cuando yo tenía catorce años no sabía leer ni contar más allá del nivel que permite un cuarto grado de escuela primaria, y que tampoco podía reconocer la hora con exactitud al mirar las agujas de un reloj. Les digo que sufrí la supervisión de maestros que no tuvieron ningún interés en mi educación ni habilidad ninguna para llegar hasta mí, allí en el foso profundo de desesperación en que me encontraba.

Siempre, cuando relato estas cosas, la sala queda en silencio. Donde momentos antes había un desorden de movimientos y murmullos, reina entonces el silencio, y unos ojos muy atentos indican que el interés ha aumentado. El desencadenante de tal fascinación es el poder distinguir entre lo que yo les digo y la imagen que tenían de mí cuando llegué, es decir, la de un héroe del fútbol y profesor universitario.

Entonces finalmente se dan cuenta de algo, y es lo que más los inspira: que mi vida anterior al éxito profesional era bastante parecida a la de cualquiera de ellos y, en algunos casos, peor.

Comprenden que el árbol en efecto crecerá a partir de la semilla cuando se le permita nacer en la tierra de su corazón, y que ese árbol producirá el fruto de la esperanza, esa que nos dice que cuando se hace el esfuerzo, las oportunidades aparecen. Ellos aprenden que con ser demasiado agresivo, pasivo o duro, no se consigue nada bueno.

UN LÍDER SIEMPRE TIENE QUIEN LO SIGA

También les hago saber que siempre hay alguien que los observa para ver si hacen lo correcto en alguna situación determinada. Y que, además, hay alguien que los ve como líderes. Dado que hay personas que los siguen, les pregunto cómo tienen pensado encarar su responsabilidad como líderes. ¿Serán cuidadosos en su forma de vivir? Les pregunto también si han considerado adónde conducirán a aquellos que estén dispuestos a seguirlos.

Deseo que ellos sepan y entiendan que no constituyen un problema, y quiero que vean claramente que sin importar lo que hayan hecho o lo que los demás hayan dicho de ellos, no son la causa de los problemas del mundo. Cada problema con el que han tropezado, o del que han participado, o que los derrotó, ya estaba en el mundo mucho antes de que ellos aparecieran. Más que ninguna otra cosa, quiero que sepan que dentro de sí mismos tienen el poder para vencer cualquier obstáculo o desafío con el que se vean enfrentados.

Llegado este momento, siempre les pregunto cómo se sentirían si dejasen que se les sembrara esa semilla y, sin excepción alguna, todos expresan su disposición a cuidarla. Incluso los que en un principio se resistían, muestran su voluntad de recibir. Siempre se emocionan cuando les digo que si han estado escuchando mi presentación desde un comienzo, entonces ya han recibido la semilla. Entonces les explico que, si les llevó un rato llegar a quedarse quietos en sus asientos, entonces posiblemente hayan recibido solo una porción del mensaje y que, por consiguiente, algunas semillas podrían necesitar más tiempo para echar raíces, dependiendo de cuán endurecida se haya vuelto la tierra de sus corazones.

Para un corazón duro, habrá que esperar más tiempo para poder comer del fruto del árbol. Ellos comprenden el principio según el cual también es posible que la tierra dura reciba la semilla, solo que demora mucho más en germinar, porque a la planta le cuesta más atravesar el suelo duro en busca de los nutrientes que necesita para que la ayuden a crecer. La tierra de nuestro corazón precisa ser regada con la verdad para que pueda recibir las semillas que nos harán crecer.

Cuando termino mi presentación muchos de los estudiantes me siguen hasta fuera del auditorio y me hacen preguntas sobre el concepto de blandura, esa condición de la tierra en la que reside su fuerza. Se lo explico de esta manera: ser blando significa ser capaz de aceptar la vida con lo que ella tiene para ofrecernos. La palabra clave en esto es "aceptar". Les recuerdo que la tierra de que está compuesto el planeta entero, ya sea la que está en el fondo más profundo del océano o la que existe en las grietas del pico montañoso más alto, espera la llegada de la simiente para mostrar su grandeza. La tierra debe ser blanda si la semilla ha de alcanzar su mayor potencia; y cuando se nutre la semilla, es cuando ofrece lo mejor de sí misma, porque para ello fue creada. En otras palabras, la verdadera grandeza surge cuando la tierra de nuestro corazón es lo suficientemente blanda para recibir a nuestros semejantes *tales como son, donde están y por el propósito para el cual viven.*

Durante estas charlas informales a menudo noto que hay algún alumno que se ha quedado sentado, sin participar. Cuando ya se han hecho todas las preguntas y los demás se han ido, el alumno de actitud vacilante me pregunta si puede hablar conmigo en privado. Una vez a solas, casi siempre me hace la confidencia de que siempre ha sentido que no lo amaban y que tampoco era digno de que lo amaran, como si él fuera un problema. Siempre lo animo a que sepa que yo pasé por el mismo dolor y que fui capaz de elevarme por encima de ello y hacer algo con mi vida. El solo saber que alguien lo comprende, parece hacerle el asunto más tolerable. Creo que todo se reduce a eso: no sentirse solo con el propio dolor. Saber que uno no es un problema sino que tiene problemas y, más importante aún, comprender que uno no es el único que tiene dificultades, lo preserva de sentirse solo con su pena a cuestas y lo ayuda a mantener el corazón blando como la tierra.

SU ÉXITO PODRÍA SER UN REFUGIO PARA ALGUIEN EN UN DÍA LLUVIOSO

Habían pasado ocho años desde que vi a Johnny Costen, mi padrastro, subir las tres cajas de sus pertenencias al portaequipajes del taxi. Me habían dicho que Johnny estaba contento por la beca que le había conseguido para su hijo John. Me sentía tan bien interiormente al saber que, al ayudar a mi hermanito, también había hecho algo por ayudar a Johnny.

Mi hermano iba a ver a Johnny aquel fin de semana que yo estaba de visita en casa. Decidí acompañarlo a ver a mi padrastro a la casa de tía Shirley, en Harlem. Sabía que Johnny estaría al mismo tiempo contento y sorprendido de verme.

Aquel día que mi hermano y yo salimos para ir a casa de mi tía, el cielo estaba nublado y gris. Había amenaza de lluvia desde que amaneció. En la pequeña urbanización de edificios de ladrillos rojos, el normal hervidero de actividad estaba ausente, no había tránsito y reinaba una calma mortal. Tampoco se veían las habituales charlas de amas de casa y jubilados, patio de por medio, intercambiando comentarios, cada uno desde su ventana.

Llegamos a casa de mi tía antes que Johnny, y antes de que comenzara a caer el chaparrón más fuerte que se había visto en años en aquella ciudad. Desde la ventana de la cocina literalmente no podía ver la calle debido al volumen de agua que corría sobre los vidrios desde las canaletas del tejado. Mientras miraba la masa de agua que caía delante de mis ojos, traté de calmar la intensa emoción que llenaba mis sentidos por la anticipación de ver a Johnny. Me preocupaba cómo habría viajado hasta la casa de la tía Shirley. Tenía la esperanza de que hubiese tomado un taxi en lugar del tren, para no tener que caminar las dos largas cuadras desde la estación.

Cuando pasó una hora sin noticias de Johnny, me puse impaciente. Le pedí a mi tía que lo llamara, pero no tenía teléfono. Caminé de un lado a otro como el padre que espera el nacimiento de su hijo o el atleta universitario mientras espera saber si será elegido para el deporte profesional. Más de una vez limpié la ventana empañada con un paño de cocina: intentaba ver si podía divisar la figura de alguien que se acercaba al edificio, pero era imposible ver otra cosa que la sombra que afuera proyectaban los robles. Cuando estaba a punto de exasperarme, oí sonar el timbre de la puerta.

Johnny entró en la casa empapado hasta los huesos. Aunque llevaba paraguas, era evidente que había optado por el tren, porque tenía la parte baja de sus pantalones pegada a la piel. A través de sus zapatos y hacia fuera, entre las costuras de los costados, se filtraban pequeñas burbujas de agua.

Naturalmente preocupado, le pregunté:

– ¿Por qué no tomaste un taxi?

Él respondió en el típico estilo Johnny Costen, pero en su voz resonaba algo enfermizo que me asustó:

– No voy a gastar mi dinero en ningún taxi si puedo tomar el tren. ¿Qué, te crees que soy un tonto?

Y entonces relampagueó en su rostro esa sonrisa ancha, totalmente encantadora que me hacía sentir tan bien por dentro. Sin embargo, su voz me preocupaba.

Se acercó a mí y al pequeño John y nos dio un gran abrazo a cada uno. Aquél era el mismo abrazo que solía darme cuando yo era niño; ese que por tanto tiempo había extrañado. En los cinco minutos siguientes no se habló mucho. Él tenía mucho que contar a todos, excepto a mí. Simplemente nos quedábamos con la mirada fija, uno en el otro, no de la manera incómoda que lo hace la gente cuando le faltan las palabras, sino que, por el contrario, aquel silencio era tranquilizador. No había palabras rituales para lo que teníamos que decirnos, pero aun así, nos comunicábamos desde el corazón.

Johnny me examinaba, como para asimilar el tamaño del muchacho en que me había convertido. Con dieciocho años, medía uno con ochenta y ocho de estatura y pesaba noventa kilos, con prácticamente cero grasa corporal. Podía ver en sus ojos chispeantes que estaba orgulloso de los cambios que veía en mí. Me daba la sensación de que, durante todo aquel momento de callada observación, en algún recóndito lugar de su mente se congratulaba por haber contribuido a mi éxito, y al mismo tiempo se lamentaba de no haber participado en el desarrollo de aquel cambio.

Yo estaba fascinado por la oportunidad de ver a Johnny. Estudiaba cada movimiento suyo, y me familiarizaba de nuevo con sus característicos gestos, la raya de su peinado, sus bigotes, la manera en que ladeaba su cabeza para insistir en algo, y aquella naturaleza tranquila y delicada que poseía y que con tanta facilidad contagiaba a su alrededor. Era una sensación agradable estar junto a Johnny. De alguna forma, yo sabía instintivamente que encontraría pocas personas en mi vida que pudieran hacerme sentir de esa manera, de modo que asimilé todo lo que pude de aquel buen hombre. Sin embargo, el sonido de su voz me asustaba, y me pregunté si esta sería la última vez que lo vería vivo.

Pero no era solamente su voz lo que me causaba inquietud, sino también el aspecto de su atuendo, notoriamente deficiente. Ya no vestía aquella camisa de puños franceses, cien por cien algodón, el traje de gabardina, los zapatos Stacey Adams con puntas decoradas, el abrigo de cachemir y el sombrero estilo Fedora. Todo ello había sido remplazado a la par de su aspecto físico. Me entristeció ver a aquel hombre frágil y de rostro hinchado que era ahora Johnny Costen. Su camisa estaba un poco sucia, con las mangas raídas y las puntas del cuello onduladas hacia arriba. Sus zapatos, abiertos en los costados por el desgaste, hacía ya tiempo que habían dejado de tener un aspecto respetable. El impermeable que llevaba parecía prestado, pues aparentaba ser de una talla menos que la suya, lo cual se notaba en las mangas de su chaqueta deportiva que sobresalían en los puños, un detalle que en el pasado habría estado muy por debajo del nivel mínimo de elegancia que Johnny habría considerado aceptable.

Otra vez me dolía verlo, quería rescatarlo, pero mi época de esperanza inocente ya había quedado atrás, y le concedí la victoria al asesino de sueños, ese demonio llamado alcohol. Me contuve las ganas de suplicarle que le diera una oportunidad más a la vida, y me obligué a disfrutar de aquel momento con Johnny. Estaba claro que su problema estaba ganando la batalla.

Aquel día en la casa de mi tía se evaporó como el agua en un desierto, cuando Johnny, mi hermano y yo nos despedimos de tía Shirley muy a pesar de nosotros. La tormenta aún no había cesado cuando salimos al violento aguacero, protegidos bajo el paraguas de Johnny. Él insistió en que tomásemos un taxi. Yo traté de asumir un papel protector y le ofrecí acompañarlo a pie hasta la estación del tren, pero no quiso aceptar.

Haciendo señas con su brazo nos llamó un taxi. El automóvil se detuvo después de un leve patinazo, y Johnny agarró la manija de la puerta invitándonos a entrar para guarecernos de la lluvia. Fue entonces cuando hizo algo que dejaría una huella indeleble en mi mente para el resto de mi vida: dejó marcada mi memoria con la última imagen que tuve de Johnny Costen.

Con la más elocuente expresión de devoción paternal, hizo un sacrificio que mostraba el amor que nos tenía y con el que, quizás, quería simbolizar el pase de antorcha a mí como protector de su hijo. Él veía que yo era lo que él había esperado que fuese bajo su tutela. Caballerosamente, buscó en su bolsillo y sacó algunos dólares que le dio al taxista para pagar el pasaje, diciéndole adónde íbamos como si yo, con dieciocho años, no supiese la dirección de mi propio domicilio. Pero comprendí aquella señal de amor como tal, y me contuve las ganas de interrumpirlo.

Pero él hizo que mis ojos se humedecieran, y aun ahora no puedo contener las lágrimas cuando recuerdo cómo, lentamente, Johnny plegó su maltrecho paraguas y me lo pasó a través de la ventana. Yo le dije:

– No, Johnny, quédatelo. Tienes que caminar a la estación. Nosotros lo único que tenemos que hacer es correr desde el taxi hasta la casa.

Pero él había pasado la antorcha, y no quería ni pensar en tomarla de nuevo. Me exigió enfáticamente que lo tomara, que le permitiera el privilegio de dar. Así que, a pesar de la angustia que sentía por dejarlo desprotegido en medio de la lluvia, comprendí el significado de aquel gesto suyo, y recibí el paraguas.

Entonces, con una pequeña lágrima brillando en su ojo, nos dijo que nos amaba y que nos vería pronto. Me dijo que cuidara a mi hermanito. Pero lo más significativo, por la inflexión de su voz, fueron aquellas palabras de despedida:

– Muchachos, estoy muy orgulloso de ustedes dos… Y Robert, muchas gracias por hacer que tu hermano entrara en ese internado.

Y de repente la visita había terminado. El taxista nos alejó, primero de la acera, luego de Johnny Costen. Mi hermano y yo miramos hacia atrás por la ventana del auto, y vimos su pequeña figura todavía de pie allí, diciendo adiós con su mano mientras el agua lo arropaba como si fuera una sábana, hasta que finalmente el vehículo cruzó el puente de McCombes Dam y cobró velocidad. Así volvimos al Bronx.

Mi hermano pudo ver a su padre en ocasiones, cuando, estando ya en el internado, iba de visita a casa. Pero yo nunca más volví a ver a Johnny Costen, ni a hablar con él. La única vez que vi de nuevo su rostro, este lucía frío como una piedra, dentro de un ataúd barato de color marrón. Estaba cubierto con una bandera estadounidense, en honor al tiempo que pasó defendiendo su país durante la guerra. A un hombre que había perdido todo respeto por sí mismo, aquella bandera parecía devolverle algún grado de dignidad.

Pero yo nunca perdí el respeto hacia Johnny. Él fue el único papá que tuve, y Dios sabe que extraño a Johnny Costen. Estoy seguro de que está en alguna parte, viendo cómo escribo este libro, junto a una nube de testigos que me animan para que lo termine.

Gracias, Johnny. Y todavía estoy enojado por no haber dejado que te ganara la carrera hasta el porche, pero te agradezco que estuvieras allí para que yo lo intentara, y pudiera de esa manera poseer el conocimiento de una de las mayores verdades que existen: ninguna persona es un problema; simplemente, todos tenemos problemas.

¡A VIVIRLO!

EMOCIONES INTENSAS QUE ERIZAN LA PIEL

Cuando una persona se da cuenta de que no es ella el problema, es cuando verdaderamente comienza a vivir.

Un día, luego de hacer mis ejercicios, descubrí un bulto arriba de mi clavícula. Después de examinarlo, mi médico me informó que tenía la enfermedad de Hodgkins, una forma de cáncer del sistema inmunológico, muy grave pero también muy tratable. Cualquiera pensaría que habré sentido algo al recibir esta noticia pero, aunque mis ojos se humedecieron, no lloré. No podía sentir la desesperación que normalmente produce una noticia como esa.

Capítulo 13

Durante mucho tiempo había imaginado que llegara a estar tan enfermo o tan gravemente herido, que la gente se apiadara de mí, me sintiera lástima o incluso me amara. Quizás la noticia llegaría a los oídos de mi padre y él vendría corriendo a mi lado para darme apoyo. Yo había visualizado toda aquella escena.

Durante la dolorosa preparación para mis tratamientos de cáncer no sentí nada, como tampoco sentí nada en aquellos cuatro meses de náuseas por las inyecciones de quimioterapia, a las que siguieron cinco semanas de radiación, y luego cuatro meses más de inyecciones. Yo había aprendido a negarme a mí mismo la capacidad de sentir.

Al principio, el no poder sentir me permitía tolerar la realidad de mi situación y aceptar la posibilidad de morir. En lugar de inquietarme por las consecuencias de algo así, simplemente seguí adelante con mi vida.

No pude llorar por mi problema de salud ni siquiera cuando, por una reacción alérgica a la medicación, quedé afectado con terribles alucinaciones, insomnio y pensamientos de suicidio. Tan severos eran los síntomas que pensé lanzarme por la ventana de mi habitación. Afortunadamente, mi esposa estuvo allí para alejarme de la ventana, y uno de mis hermanos me llevó a la sala de emergencia, donde me dieron una segunda droga para contrarrestar los efectos de la anterior.

Sentía ganas de llorar; de hecho, nunca antes en mi vida había querido llorar tanto, pero no sabía cómo; me sentía incapaz. Deseaba tener las sensaciones que provocan piel de gallina, incluso las que indican que uno está muerto de miedo. Pero no me acudía un solo sentimiento. Mi mente estaba aturdida; yo solo existía, ocupaba un espacio.

LOS SOBREVIVIENTES AYUDAN A OTROS A TRIUNFAR

Durante mi período de orientación en el Stanford Medical Center, una trabajadora social me invitó a participar en el grupo de sobrevivientes de cáncer que ella conducía en el hospital. Pero yo me resistía a someterme a la posibilidad de enfrentar mis sentimientos acerca del cáncer. La idea de admitir que estaba enfermo era lo último que habría aceptado. Había aprendido a tratar las cosas ejerciendo mi voluntad en contra de ellas, o bien redefiniendo la situación.

Finalmente hice el tratamiento, pero tuve un precio que pagar. Me rehusaba a reconocer el temor y la vulnerabilidad que había experimentado al rozar la muerte. Los siguientes seis años idealicé la enfermedad. Hablaba de ella como si fuera la escena de una película. Sin embargo, incluso como actor dentro de mi fantasía, no hice lo fundamental que debe hacer un actor, es decir, no asumí los sentimientos y la actitud del personaje. La realidad era que yo no podía sentir nada acerca de la experiencia que había vivido.

Pero Dios es misericordioso. A la edad de cuarenta y un años, después de seis años de dolor y sufrimiento acompañados de una profunda depresión, acepté hablar con Pat Fobair, la conductora del grupo de sobrevivientes de Stanford. En una hora de conversación con Pat pude obtener más claridad sobre mi incapacidad de sentir que la que tuve anteriormente, después de haber consultado a cuatro psiquiatras.

Pat me enseñó que los sentimientos se originan en el pensamiento, y el pensamiento proviene de experimentar cosas que ocurren en el ambiente que nos rodea. Luego me dio un modelo ilustrado que podía llevarme a casa. El modelo servía como un punto de focalización que yo usaría cuando tuviera sentimientos de angustia intensa y depresión. Pat me abordó como a un ser humano inteligente que tenía un problema. Habló conmigo y me prestó alguna literatura que me sirvió como autoayuda.

Pero el principal factor que hizo que mi situación diera un vuelco, fue algo que aprendí sentado en el grupo de sobrevivientes. Una noche, una joven latina entró al grupo. Acababa de terminar una terapia para tratar un linfoma, y lloraba cada vez que intentaba hablar sobre su dolor. Finalmente pudo decir algunas frases. Habló de no poder sentirse bien sobre nada, y de que no se sentía digna de amor. Dijo que era incapaz de disfrutar cosas de la vida que antes le daban alegría, como ir al cine o dar largas caminatas con su novio. Le dijo al grupo que estaba profundamente deprimida y angustiada por su muerte. Expresó confusión sobre el hecho de no haber tenido esos sentimientos al enterarse por primera vez de su enfermedad ni durante el tiempo que padeció los repugnantes y dolorosos tratamientos de quimioterapia.

LOS PROBLEMAS NO SE SUFREN EN SOLEDAD

Por primera vez yo estaba oyendo hablar a alguien de lo que yo había experimentado, y de repente me di cuenta de que el problema no era yo, sino que yo tenía un problema. Cuando le comuniqué que yo había experimentado lo mismo, inmediatamente sentimos alivio en nuestra identificación mutua, y nos sobrevino un sentimiento de esperanza. Ella comenzó a llorar lágrimas de alegría, pero lo único que salió de mí fue una amplia sonrisa.

A los pocos segundos otra participante del grupo dijo unas palabras que para mí fueron mágicas:

– Robert, la semana pasada hablaste de un sentimiento de depresión que desciende sobre ti cada vez que tienes un pensamiento alegre.

– ¡Sí! –respondí.

– Yo también pasé muchos años deprimida. Mi depresión no se debía a pensamientos alegres, sino que la desencadenaban pensamientos perturbadores, pero creo que lo que descubrí durante ese tiempo podría ayudarte a entender mejor tu propia situación.

Me incliné hacia adelante, resuelto a no perder una sola palabra de lo que me diría.

– El cerebro humano tiene una enorme capacidad de traducir lo que experimentamos en pensamientos, los que se convierten en sentimientos. De esta manera es procesado tanto lo bueno como lo malo de nuestra experiencia. Lo que el cerebro no puede hacer es escoger. Si el cerebro decide no sentir dolor, también pierde la capacidad de sentir placer. Para que el ser humano pueda experimentar sentimientos de placer, debe dejar su puerta emocional abierta a toda clase de sentimientos, permitir el acceso tanto al dolor como al placer.

PARA SENTIR ALEGRÍA DEBE ESTARSE DISPUESTO A SENTIR DOLOR

Yo no había reparado en el hecho de que para sentir alegría debía asimismo estar dispuesto a sentir dolor. Repentinamente vi mi situación con mayor claridad que nunca antes. Durante las siguientes semanas hice la práctica de permitirme aceptar una experiencia placentera tal cual era, en lugar de evitarla. Intenté hacer lo mismo cuando se presentaba una situación dolorosa. Lentamente, pero con seguridad, comencé a sentir menos angustia por situaciones que en el pasado me habrían hecho sentir incómodo.

Un día en el grupo de sobrevivientes se suscitó una discusión acerca de la forma en que el estrés puede hacernos vulnerables al cáncer. Yo relaté mi historia; cuando mi padre, después de dejarme, no volvió por mí. Pat reconoció mi fortaleza y valor para soportar aquel revés y convertir algo negativo en positivo. De repente mi pecho comenzó a tensarse, se me aceleró el pulso y sentí un hormigueo en todo el rostro, que me subía y bajaba por brazos y piernas. Los síntomas me eran conocidos porque los había sentido varias veces antes. Para mí, parecían indicar un infarto.

Pat –quien era también una sobreviviente– y el resto del grupo me tranquilizaron, diciéndome que no había de qué preocuparse. Ellos también habían experimentado síntomas semejantes. Aprendí entonces que lo que yo sentía era mi incapacidad para aceptar el elogio de Pat. Si lo aceptaba como algo cierto, tendría que permitirme sentir el gusto que me producía.

Durante toda aquella semana me aferré a aquella idea, y cada vez que tenía esas sensaciones, me condicionaba para no entrar en pánico. Pronto esa sensación de pánico desapareció.

Ahora, cuando experimento algo doloroso, lo acepto tal cual es: una porción del "mosaico de sentimientos" que también incluye aquello que es placentero. ¿Por qué podía ahora entrar en contacto con mis sentimientos? Porque por primera vez comenzaba a entender que yo no era un problema, sino que era una persona que tenía problemas.

EL ÉXITO CONSISTE EN SENTIRSE APASIONADO POR LA VIDA

El saber que no era yo el problema me permitió acercarme un poco más cada día a la apreciación del pleno valor de mi existencia en esta Tierra, y pude aprender a celebrar los maravillosos aportes que Dios me ha permitido hacer. Supe que mi curación progresaba cuando un día, finalmente, después de haber cumplido los cuarenta y un años, sentí que me envolvía una calidez especial cuando mis hijos, de once y nueve años, me dieron un enorme abrazo y un beso justo enfrente de sus compañeros de escuela. Aunque los niños los abuchearon un poco, en ningún momento me soltaron.

Mientras los tres caminábamos juntos por el recinto universitario, mi hija de seis años nos divisó y echó a correr en dirección a mí, gritando: " ¡Papá! ", tan fuerte como podía, para celebrar mi llegada. Extendiendo sus brazos y con los ojos encendidos como una lámpara de Navidad de mil vatios, saltó hasta mis brazos y me cubrió con un enorme abrazo.

En aquel momento, con mis tres hijos rodeándome con su amor, sentí un estallido de piel de gallina sobre todo mi cuerpo, y por primera vez en mucho tiempo, ¡quise vivir!

Es en la infancia cuando por primera vez nos permitimos la libertad de sentir una gama completa de emociones. Fue entonces cuando sentíamos la piel erizada; ahora, como adultos, debemos aprender a conservar esa sensación como algo preciado.

Ser como un niño significa ser libre de sentir gran desilusión y, sin embargo, aceptar más tarde momentos de gran felicidad. Cualquiera que ha estado cerca de los niños ha podido ver esa sorprendente habilidad que tienen para comenzar a reírse en medio de sus lágrimas. Los niños abrazan el gozo inesperado que les eriza la piel.

Al humillarnos para ser nuevamente como niños, esperaremos lo mejor de cada persona que conozcamos, así como lo hacen los niños. ¿Qué cambios ocurrirían en nuestras relaciones si pudiésemos adoptar la teoría de que el otro es inocente hasta que se pruebe que es culpable? Tal vez nuestra comunicación con los demás tendría más gracia si comprendiésemos que ninguna persona es un problema, sino que las personas tienen problemas.

Ser como un niño significa confiar en los demás con una expectativa abierta. A los niños se les ha enseñado a alejarse de los extraños, pero los adultos deben aprender a reconocer a los que quizás necesiten experimentar un intercambio de respeto y estímulo con otro ser humano. Cuando uno demuestra amor a una persona que tiene problemas, se pone en condiciones de disfrutar las máximas bendiciones que la vida puede darle.

TAL VEZ SEAN ÁNGELES

"Sigan amándose unos a otros fraternalmente. No se olviden de practicar la hospitalidad, pues gracias a ella algunos, sin saberlo, hospedaron ángeles"
(Hebreos 13:1-2, NVI)

Tú eres el principal recurso de Dios en la tierra para ayudar a que otras personas se eleven por encima de sus problemas.

Creo con todo mi corazón que Dios ha dirigido mi esfuerzo al escribir este libro. También creo que Él ha puesto muchas personas inspiradoras en mi vida, a quienes les estoy agradecido por sus valores y por su conducta intachable. No son perfectos, pero son la clase de persona con suficiente ternura en el corazón como para admitir sus errores y pedir perdón. Buscan maneras de arreglar lo que está torcido y se rehúsan a darles la espalda a los extraños, a los pobres, a los que no tienen hogar o a los afligidos en cuerpo o en espíritu.

Estas personas me enseñaron a seguir creyendo, a no fallarle a nadie, a siempre ver el bien en las personas, y a encontrar el valor y la fe para amar a mis semejantes, aun cuando no parezcan merecerlo. Son estas las personas que me enseñaron que yo no era un problema.

Confío haber aprendido bien sus lecciones. He orado pidiendo músculos de justicia que tengan la fuerza de empujar mi ego y ponerlo a un lado, y aceptar a los demás como son en lugar de como yo quiero que sean.

He llegado a comprender que cuando yo he reflejado la actitud que esas personas especiales tienen hacia la vida, ha sido cuando más éxito he tenido en mi cometido de amar a los demás. De ellos he aprendido que somos responsables por nuestros semejantes. Es decir, que cada uno tiene la responsabilidad de cuidar a su hermano y Dios no tiene otro medio en la Tierra para transmitirnos sus mensajes de amor.

Debemos motivarnos a ser amables con los demás y a cuidarnos como hermanos. Debemos tratar a otras personas con hospitalidad y considerar una gran posibilidad: ¡tal vez sean ángeles!

Espero que este libro haya sido un alimento nutritivo para su alma y le haya ayudado a comprender que *ninguna persona es un problema; las personas simplemente tienen problemas.*

Le dejo el desafío de vivir lo que usted en su corazón haya decidido hacer mientras leía este libro.

Fortalézcase[*] para poder ser un proveedor de soluciones.

---

[*] N. del T.: Las iniciales de cada palabra forman, en el inglés original, la palabra SOAR (elevarse)

Perfeccione sus habilidades para edificar a otras personas.
Reconozca a los que lo han ayudado.
Regocíjese cuando vea que otros triunfan.

Una vez que haya aprendido estas claves del éxito, enséñeles a otros los cuatro pasos para **ELEVARSE** por sí mismos. Explíqueles que llegarán a donde quieren ir, si ayudan a otros a obtener lo que necesitan. Anímelos a:

Fortalecer a otros,

Perfeccionar sus atributos admirables,

Reconocerlos y

¡Regocijarse cuando ayuden a que otros triunfen!

Usted entonces se **ELEVARÁ** a nuevas alturas con una nube de testigos que lo animan, mientras ayuda a que otros también prosperen en su vida. Usted es el principal recurso de Dios en la Tierra para ayudar a otros a elevarse por encima de sus problemas. Ruego a Dios que aprenda a aceptar esta verdad, porque el mundo lo necesita a usted dentro del equipo de Dios.

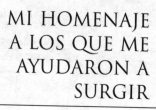

MI HOMENAJE
A LOS QUE ME
AYUDARON A
SURGIR

MI HOMENAJE A LOS QUE ME AYUDARON A ELEVARME PARA ALCANZAR EL ÉXITO, Y A LOS QUE ME ENSEÑARON A TRATAR A LAS PERSONAS COMO SI FUERAN ÁNGELES

Sr. Michael Choukas, Director en la Vermont Academy: el señor Choukas me enseñó la humildad.

Sra. Anita Choukas, mi profesora de teatro en la Vermont Academy

Bob y Marti Marrington: fueron como mis padres en la residencia estudiantil en la Vermont Academy: el señor Harrington me enseñó la paciencia.

Sr. Dwight Jones: mi único y preciado compañero de cuarto en la Vermont Academy: DJ-True-blue hasta el fin.

Sr. Ernie Castagner: mi entrenador de baloncesto en la Vermont Academy: un hombre de gran pasión.

Sra. Hellen Frey, la encargada de la enfermería en la Vermont Academy: la madre que tuve lejos de casa.

Sr. Jack Peters, mi profesor de inglés en la Vermont Academy: el hombre que me inspiró a escribir mi primer poema y me brindó paz interior.

Sr. Stephen Ardí, mi profesor de latín en la Vermont Academy: él me enseñó la confianza.

La familia Brocato, Milford, Massachussets.

Bobbie Gene y la familia Phyllies Stewart, Reading, Massachussets: la sal de la Tierra.

Sr. Greg Stewart, Danvers, Massachussets: mi hermano desde el primer día, un alma delicada.

Sra. Millie Butler, Bronx, Nueva York: mi segunda madre.

Mike y Debbie Ledford, Tucson, Arizona: ejemplos de puro amor.

Sr. Roger García, Nuevo México: un amigo para siempre.

George y Verónica Smith.
Kentfield, California: defensores
de la fe.

Chuck y Michelle Butler,
Walden, Nueva York; Chuck:
un hermano, aunque no haya
nacido de mi madre.

La familia Butler, Bronx, Nueva
York.

Luther Jones, Milán, Italia: un
hermano, aunque no haya
nacido de mi madre.

Luther y Joan Kones, Bronx,
Nueva York: siempre
permitieron que su corazón
estuviese disponible para mis
necesidades.

Sr. Timothy Edmondson,
Oakland, California.

Sr. Samuel Norman, Oakland,
California: el consejero, y
además, un hombre que no le
tiene miedo a llorar.

Sr. Sylvester Jackson: mi difunto
amigo que me ayudó a
mantener la cordura después de
mi obligado retiro del fútbol.

Byron y Sparti Hemingway,
Seattle, Washington: mi
hermano en Cristo.

Sr. Jonson, Bronx, Nueva York:
el primer hombre que se tomó
la molestia de llevarnos en su
auto a mis amigos y a mí a los
juegos de pelota.

Leon y Barbara Stamps, Boston,
Massachussets.

Leon: un hermano, aunque no
haya nacido de mi madre.

Sr. Thomas Frye, San Francisco,
California.

Sr. Thurman V. White, Newark,
California.

Sr. Lawrence MacFaden: mi
primo, la persona que más me
inspiró para ser alguien, aun
cuando mi carrera de futbolista
profesional quedó trunca.

Sra. Dorothy Morton, mi madre;
gracias, Señor, por ella.

Sr. Charles Morton, mi difunto
padrastro.

Sr. y Sra. Chip Wolcott, The
Orme School, Mayer, Arizona.

Sra. Grete Sorensen: mi suegra,
la persona que siempre intenta
comprender.

Sr. Eric Sorensen, mi difunto
suegro.

Sr. Joseph Yukica, mi entrenador de fútbol en el Boston College: gracias, entrenador, por dejarme ser yo mismo.

Sra. Greenspan: mi maestra de octavo grado en PS 73, en el Bronx: ella me quería de verdad y me convenció de que yo era digno de amor. Dios te bendiga y te guarde dondequiera que estés.

Sr. Westler, mi profesor de gimnasia en PS 73 en el Bronx.

Sra. Turner, mi maestra de sexto grado en PS 11 en el Bronx.

Sr. y Sra. Quinn, mis tíos en Harlem, Nueva York: siempre encontraron tiempo para demostrarme cariño.

Sra. Lillian Irving, Queens, Nueva York: mi querida tía con su amigo Wally, ejemplos de amor incondicional.

Sr. Jim Schoel, mi segundo consejero cuando tenía quince años, y además, la persona que me ayudó a entrar en el internado secundario.

Sr. Billy Thomas: mi primer consejero y, además, la persona que se aseguró que yo entrara en la senda correcta, cuando tenía doce años.

Sr. London: mi difunto amigo, y además, el primer hombre que alguna vez amé como a un padre.

Sra. Francis Hunt-Stewart, Pacifica, California: amiga en todo tiempo.

Sr. John H. Costen, mi difunto padrastro; el hombre que me enseñó a caminar y que me ayudó a hacer mi primera bola de nieve.

Mi grupo de sobrevivientes al cáncer en el Standford Medical.

Robert y Michelle Gossett, Los Ángeles, California.

Dr. Kenneth Blanchard, Rancho Bernardo, California: un hombre de paz, con una fe cálida y fuerte en toda la humanidad.

Dr. Rudolph E. Busby: mi consejero académico de posgrado en San Francisco State University y, además, alguien cuya confianza, paciencia, y excelente consejería me sirvieron para mantenerme a flote durante tres años de trabajos de maestría en mis estudios de comunicación oral.

Sra. Sharon Robinson, San Leandro, California.

Scott y Cecilia Jones, Concord, California.

Srta. Nancy Mims, Oakland, California.

Senador Bill Bradley: quien durante un campamento de baloncesto de verano en Harlem, Nueva York, me dijo que aunque tuviera éxito en el deporte, eso no significaría nada si no accedía a una educación formal.

Sr. Gordon Moody, Vermont: un hombre de compasión y clara visión.

Neal Green, Middlebrook, Nueva York.

Larry Medcalf, San Francisco, California: mi consejero académico de posgrado y, además, la persona que me permitió ingresar en la escuela de posgrado en San Francisco State University

Aliza & Kinney Christian, Richmond, California.

James y Helen Nassikas, Mill Valley, California: dos personas a las que quiero mucho.

Sr. Nassikas: un hotelero de primera y, además, un líder que trataba a sus empleados con la mayor humildad.

Joe Relly, Ross, California.

Sr. Brodine, Saxtons River, Vermont.

Lloyd Lawrenc, Oakland, California: un hombre de honor.

Angie Ríos, Fresno, California.

Rick Williams e Ingrid Merriwether, San Leandro, California: mis muy queridos amigos.

Dennos Jeffrey, Oakland, California: alguien que lleva su cruz.

Lloyd Lawrence, Oakland, California: un hombre de honor.

Peter Dwares, San Francisco, California: un hombre que trasciende los límites de la raza.

Keith Barnett, Newton, Massachusetts.

Neil Green, Middlebrook, Nueva York.

Phillip Hazzard, Providence, Rhode Island.

Y a esas personas virtuosas que me sostienen:

Mis hermanos:

James Connor: un hombre de PERSEVERANCIA.

Willie Young: un hombre de CORAJE.

John Costen: el AMOR personificado en un hombre.

Mis hermanas:

Connie Jean CONNOR: una mujer con GRACIA.

Andrea Blischke.

Iris Blischke.

Mi difunta hermana:

Francis Ann CONNOR: fue quien cuidó de sus hermanos, y quien me llevó a Cristo. Siempre te amaré, hermana.

Mi esposa:

Ellen Watts: una ROCA.

Mis hijos:

Robert Watts III: un muchacho dotado de VISIÓN.

Jeremiah Eric Watts: un chico AMOROSO.

Erika Robyn Watts: ella hace que los sueños SE HAGAN REALIDAD.

Mis sobrinos y sobrinas:

D'Artagnan Conner.
D'Artagnae Ariel Connor.
D'Arquoia Frances CONNOR.
Elizabeth Coney.
Rhonda Conner.
Lori Toney.
Dorothy Connor.
James H. Connor III.
John C. Costen.
Alonda Greer Young.
Carmel Young.
Bricesha Young.

Mi padre, Robert Watts Sr. Un hombre que finalmente enfrentó sus problemas.

Bibliografía

Anson, Robert S. *Best Intenrions: The Education And Killing Of Edmund Perry*. New York: Vintage Books, 1987

Applebaum, Ronald L., et. al. *Fundamental Concepts in Human Communication*. San Francisco: Garfield Press, 1973.

Bales, Robert F. *Interaction Process Analysis*. Cambridge: Addiston-Wesley Press, 1951.

Bales, Robert F. *Personality and Interpersonal Behavior*. Nueva York: Holt, Rhinehart and Winston, 1970.

Bales, Robert F. *Symlog :A System for the Multiple Level Observation of Groups*. Nueva York: The Free Press, 1979.

Blanchard, Kenneth and Michael O'Connor. *Managing by Values*. San Francisco: Barrett-Koehler Publishers, 1997.

Blanchard, Kenneth. *We Are The Beloved: A Spiritual Journey*. Grand Rapids: Zondervan Publishing House, 1994.

Burke, Kenneth. *Language as Symbolic Action: Essay On Life, Literatura, and Method*. Berkeley: University of California Press, 1966.

Busby, Rodolph E. and Randall E. Majors. *Basic Speech Communication: Principles and Practices*. Nueva York: Harper & Row, 1987.

Davis, Bruce and Genny Davis. *The Magical Child Within You*. Fairfax: Inner Light Books and Tapes, 1982.

Folger, Joseph P., et al. *Working Through Conflict: A Communication Perspective*. Glenview, Ill.: Scott Foresman, 1984

Gibb, Jack. "Defensive Communication". *Journal of Communication*,1961.

Hansberry, Lorraine. *"A Raisin In The Sun"*. Random House, 1959.

Heider, Fritz. *The Psychology of Interpersonal Relations*. Nueva York: John Wiley and Sons, 1958.

Lewin, Kart. *Principles of Topological Psychology*. Nueva York: McGraw-Hill, 1936.

Luft, Joseph. *Of Human Interaction*. Palo Alto: Nacional Press Books, 1969.

Miller, William A. *The Joy of Feeling Good: Eight Keys to a Happy & Abundant Life*. Minneapolis: Augsburg Publishing House, 1986.

Mitchell,Grace. *A Very Practical Guide To Discipline With Young Children*. Telshare Publishing, 1982.

Simonton-Matthews, Stephanie, O.
Carl Simonton, M.D.m and James L.
Creighton. *Getting Well Again*. Nueva
York: Bantam Books, 1984.
Spitzberg, Brian H. "Communication
competente As Knowledge, Skill, and
Impression". *Communication
Education* (July 1982).

The American Medical Association:
Family Medical Guide. Nueva York:
Random House, 1987.

*The Random House College Dictionary.
The Unabridged Edition*. Nueva York:
Random House, 1982.

*Webster's New World Dictionary: Third
College Edition of American English*.
Nueva York; Prentice Hall, 1994.

¿Está listo para ir hacia la cima? Entonces descubra los secretos del motivador número uno, Zig Ziglar.

En *Puedes alcanzar la cima*, Zig presenta impactantes historias de la vida real, citas poderosas y dichos favoritos –acompañados de su patente sentido del humor– para proveerle revelaciones que lo ayudarán a descubrir niveles mayores y exitosos para su vida.

Ya sea que lea una selección por día o todo el libro de una vez, obtendrá la inquebrantable confianza que lo conducirá a la cima.

¿Busca una manera de mejorar? Aprenda de un probado líder a medida que se forje su propia senda hacia el éxito.

PUEDES ALCANZAR LA CIMA

Zig Ziglar

PRINCIPIOS DE VIDA DEL MOTIVADOR #1

Zig Ziglar es uno de los comunicadores más famosos, conocido como "motivador de motivadores". Más de tres millones de personas han asistido a sus presentaciones en directo, y otros muchos millones se han inspirado por sus casetes y videos.
Zig ha vendido más de cuatro millones de libros en todo el mundo.

Zig Ziglar

LAS 25 LLAVES DE UN BUEN LEGADO

Las memorias se marchitan, los recuerdos y trofeos se pierden, son robados, o vendidos. Sólo nuestro legado permanecerá. Preparar un buen legado lleva tiempo y dinero, pero no permita que esto lo detenga. Su legado incluye también todo lo que dice, piensa, y planea. En este libro podrá aprender las claves para: - Mantener su palabra, - ser una persona de integridad, - hacer de sus prioridades su prioridad,- sonreír a la vida y vivir libre de preocupaciones. Cuando vive con el futuro en mente, está viviendo para alguien más y éste es su legado.

Acerca del Autor

Paul J. Meyer ha sido autor de 24 importantes programas sobre venta, motivación, y desarrollo de liderazgo, con ventas combinadas en 60 países y en 20 idiomas de más de 2 billones de dólares, más que cualquier otro autor en la historia. Formó el Success Motivation Institute en 1960 y es considerado por muchos, el fundador de la industria del desarrollo personal.

Dios mi jefe de negocios

Siguiendo los principios de Dios en un mundo de alta competición

Muchos de los líderes de negocios luchan con el dilema de ser exitosos y tener una vida con propósito. A menudo sus creencias personales parecen estar en conflicto con las demandas del presente mundo de negocios de primera línea. Dios, mi jefe de negocios ofrece una fuente de guía práctica e inspiracional para lograr una vida de logros y significado.

LARRY JULIAN es un exitoso consultor y financista especializado en el desarrollo de liderazgo. Ha entrenado miles de líderes relacionados al mundo de los negocios. En la nómina de sus clientes se encuentran las siguientes compañías: 3M, AT&T. General Mills, Honeywell, Clínica Mayo, US West y cientos de otras pequeñas y grandes organizaciones. Actualmente vive en Plymouth, Minnesota, EE.UU.

www.editorialpeniel.com

The Legacy of Tanith Lee

Edited by Storm Constantine

IMMANION
PRESS
Stafford, England

Night's Nieces: The Legacy of Tanith Lee,
edited by Storm Constantine © 2015
Introduction: *... and all things are flawless...* – John Kaiine © 2015
Storm Constantine – A Spirit of Water © 2015
Storm Constantine – In Exile © 2015
Cecilia Dart Thornton – Incensed Syllables © 2015
Cecilia Dart Thornton – The Golden and the Dark © 2015
Cecilia Dart Thornton – Queen of Night and Stained Glass World © 2015
Vera Nazarian – Goddess of Wonder © 2015
Vera Nazarian – Streets Running Like a River © 2015
Sarah Singleton – Feverishly Beautiful © 2015
Sarah Singleton – Le Livre de l'Ambre: City of Gold © 2015
Kari Sperring – Happily Ensorcelled © 2015
Kari Sperring – Night in Day © 2015
Sam Stone – Tanith Lee: An Inspiration to a Generation of Female Writers © 2015
Sam Stone – Sabellaed © 2015
Freda Warrington – Lighting the Beacon © 2015
Freda Warrington – Ruins and Bright Towers © 2015
Liz Williams – Sea and Blood and Night © 2015
Liz Williams – Waterwitch © 2015

Interior Layout: Storm Constantine
Cover art: John Kaiine. Photographs from the collection of Tanith Lee, donated by John Kaiine: pages 6, 10, 17, 37, 46, 65, 90, 131, 201, 235, 241
Interior illustrations: Storm Constantine 18, Cecilia Dart-Thornton 44, 45, Vera Nazarian, 59, 67, Tanith Lee 133, Freda Warrington 220, Liz Williams 243, Kathleen Jennings 251.
All other photographs of contributors with Tanith are the authors' own, but for the Liz Williams and Tanith Lee photo, which was kindly donated by Cherith Baldry. Thanks to Danielle Lainton for assistance with the illustrations.

IP0123
ISBN 978-1-907737-71-8
First edition by Immanion Press, 2015
http://www.immanion-press.com
info@immanion-press.com